Mario Mantese

Ein Weg aus den Sorgen

Mario Mantese

EIN WEG AUS DEN SORGEN

Geschenke an die Seele

Edition Spuren

Edition Spuren
Bahnhofplatz 14, CH-8400 Winterthur
edition@spuren.ch www.spuren.ch

Lektorat: Urte Knefeli-Zemp
Umschlaggestaltung: Marion Musenbichler
Illustration Umschlag: fotolia.com/Victor Tongdee
Autorenbild: Günther Ciupka

Printed in Czech Republic
Druck und Bindung: Finidr
ISBN 978-3-905752-28-1

Inhalt

Vorwort

Im Februar 2011 verbrachte ich einige Zeit in den Bergen von Kerala in Südindien. Ich besuchte Teeplantagen und duftende Gewürzgärten und erfreute mich an der paradiesischen Natur.

Eines Morgens fiel mir beim Frühstück im Hotel eine Gruppe von Touristen auf, die sich auf der Durchreise befand. Beim spontanen Hinsehen erkannte ich, wie sorgenbeladen ein großer Teil von ihnen war. Sie genossen zwar ihren Urlaub, doch ihre Sorgen, die sie ja nicht einfach hatten zu Hause zurücklassen können, waren mitgereist.

Bei der Betrachtung dieser Menschen bildeten sich verschiedene Gedanken und Fragen in meinem Bewusstsein: Was genau sind eigentlich Sorgen und wie wird man sie wieder los? Sorgen sind einerseits auf einzelne Menschen beschränkt, andererseits vernetzen sie sich manchmal in größeren Menschengruppen, die gemeinsam in schwierigen Lebenssituationen stecken.

Weiter fragte ich mich: Wie wirken sich Sorgen auf die psychische und physische Verfassung der

Menschen aus, und ist es überhaupt möglich, in dieser Welt sorgenfrei zu leben?

Diese Gedanken beschäftigten mich, und sie bildeten den Ausgangspunkt und den Ansporn zu diesem Buch. Durch frische Einsichten und von Vernunft und innerer Kraft geleitet, soll es dem Leser und der Leserin ermöglicht werden, neue Perspektiven und lichtere Wege in schwierigen Lebensabschnitten zu sehen und zu finden.

Dies ist jedoch kein Rezeptbuch, das für alle Sorgen fertige Lösungen anbieten kann. So etwas wäre utopisch. Es sollte aber möglich sein, klarer und behutsamer auf das eigene Leben zu schauen. Dieses spannende *Ent*-decken von sich selbst bringt den Menschen einen großen Schritt vorwärts auf seinem Lebensweg, weg vom Oberflächlichen hin zu neuen Lebenstiefen.

Was uns Sorgen bereitet, beeinflusst tief greifend unser Leben und auch unser gesamtes atmosphärisches Daseinsfeld. Was ist es, das die vielen Sorgen in der Welt und in jedem Menschen immer wieder von Neuem erzeugt?

Was sind eigentlich unsere Sorgen und was sind die der anderen? Kümmern und berühren uns die Sorgen der anderen überhaupt? Wenn ja, warum und wenn nein, warum eigentlich nicht?

Wichtig scheint mir, dass wir unser alltägliches

Leben besser verstehen und kennenlernen. Die Innenwelt mit ihren emotionalen Stimmungen, die innere Zerrissenheit, die vielen Zweifel und die unkontrollierbaren negativen Gedanken, all diese unerwünschten Plagegeister gilt es zu durchschauen und loszuwerden.

Die Hirngespinste, die trübe Gedanken produzieren, möchte man loswerden, aber dies gelingt nicht wirklich, wenn man in einem Sorgenfeld gefangen ist. Maßgebend ist das Verhältnis, das man zu seinen eigenen Sorgen hat, wie man sie sieht und erlebt und wie man auf seine Sorgen reagiert.

Dass es nicht für alle Sorgen maßgeschneiderte Lösungen gibt, dies gilt es zu akzeptieren. Und die Lösungen, die sich zeigen, sind vielleicht auch nicht immer genau die, die man sich vorgestellt hat oder gern gehabt hätte.

Flexibilität und Anpassungsfähigkeit sind wichtig, sie vermögen vieles zu vereinfachen und ermöglichen, dem eigenen Leben anders zu begegnen.

Die Umstände, die dir Sorgen bereiten, sind nicht in Stein gemeißelt, und aus jeder Sackgasse führt ein Weg heraus. Schlaf nicht, wenn du wach bist, sondern sei hellwach, wenn du wach bist! Lies dieses Buch behutsam und lass dir Zeit, damit der Inhalt zu dir sprechen kann.

Innere Kraft

Seit Anbeginn der Weltgeschichte hat es wohl nie einen Menschen gegeben, der in seinem Leben keine Sorgen gehabt hätte.

Sorgen beziehen sich stets auf die Außenseite des Lebens, auf etwas, das außerhalb der Innenwelt vorgefallen ist und dich geprägt hat. Alles Erlebte beeinflusst unmittelbar dein Innenleben. Ob du das nun willst oder nicht, es findet statt. Es sind diese Verschiebungen in deinem Leben, die klar die Grenzen und die Fragilität deines psychischen und physischen Daseins spiegeln. Oh ja, der Mensch ist ein äußerst verletzliches Wesen.

Der Dreh- und Angelpunkt der Sorgenproblematik, vor allem im zwischenmenschlichen Bereich, beruht auf einem mangelnden Verständnis für die Sorgen des Mitmenschen. Der Mensch kümmert sich vor allem um sich selbst, um sein eigenes Wohl; die anderen sind die anderen.

Sich selbst unter allen Umständen behaupten und durchsetzen zu wollen, ist ein Naturinstinkt, ein Überlebenstrieb. Die eigentlichen Schwächen dieses Triebes zeigen sich in egoistischen Verhaltensmustern, einem Mangel an Empathie und der Gleichgültigkeit gegenüber den Sorgen und Leiden der Mitmenschen. Dieses Verhalten jedoch ist eine zerstörerische Kraft und gewissermaßen auch ein Betrug an den Mitmenschen. Schlussendlich ist es auch ein Betrug an sich selbst.

Gleichgültigkeit macht den Menschen stumpf und langfristig auch krank. Dieses Verhalten spiegelt etwas sonderbar Unmenschliches im Menschen. Gleichgültigkeit und Verantwortungslosigkeit sind in vieler Hinsicht die großen Schwächen der heutigen modernen, globalisierten Gesellschaft. Jeder einzelne Mensch ist gefordert, verantwortungsvoll mitzuhelfen, die zunehmende Verrohung der Gesellschaft zu verhindern.

Wir scheinen gemeinsam in einem gigantischen, globalisierten, weltumspannenden Sorgenpool zu existieren und zu vibrieren, in dem die vielfältigen und vielschichtigen menschlichen Sorgen zusammenfließen. Obwohl Sorgen in der Welt allgegenwärtig sind, gibt es wohl niemand, der sich Sorgen und Leiden wünscht oder diese mag und genießt. In Sorgenkräften gefangen zu sein, ist gewiss nicht erfreulich. Komischerweise hat der Mensch ein sonderbares Talent entwickelt, nämlich sich an

Sorgen und Leiden zu gewöhnen und sich ihnen anzupassen. Nicht aus Schwäche, sondern meistens aus Verzweiflung und Hoffnungslosigkeit.

Menschen, die ihre Lebenssituation als hoffnungslos betrachten, betreten häufig einen unheilvollen Weg, der in übermäßigem Alkoholkonsum, in Drogenexzessen oder Medikamentenabhängigkeit endet, was jedoch sicher keine Lösung für die eigentlichen Sorgen sein kann.

Man hat allerlei Strategien entwickelt, wie man mit Sorgen und Leiden leben kann, um die Druckstellen in der Psyche besser ertragen zu können. Der Mensch entwirft allerlei sonderbare Übereinstimmungen mit seinen Sorgen und Problemen, um mit ihnen leben zu können. Er kreiert gedankliche Modelle und erfindet in der Not allerlei mögliche Überlebensstrategien. Er lernt, im Leben zu überleben. Doch das Herumnavigieren um den eigentlichen Kern des Problems hilft uns überhaupt nicht weiter. Deshalb müssen wir aktiv werden und uns den Sorgen mutig stellen. Achten wir dabei auf die Denkfallen, die uns schwächen.

Deine eigene Welt, dein eigenes Leben sind genauso, wie du sie dir geschaffen, erdacht und gestaltet hast. Deine Welt ist genauso, wie du sie siehst und erlebst. Dieser von dir erschaffene Lebensraum ist der Ort, an dem du leidest und deine Sorgen und

Probleme erlebst. Innerhalb der Grenzen dieses Überbaus, den du als dein Leben bezeichnest, modellierst du dein Leben oder modelliert dein Leben dich.

Wie viel Leiden und innere Spannung erträgt der psychosomatische Organismus eigentlich? Nun, die Leidensfähigkeit des Menschen ist übermäßig groß, denn der Mensch ist ein zähes Wesen, ein Überlebenskünstler.

Die Angst vor den eigenen Sorgen bewirkt eine Flucht nach innen, einen Rückzug in sich selbst, und genau dieses Verhalten verstärkt das Leiden. Die Vermeidung von Konfrontationen und der Leidensdruck, der in der Psyche angesiedelt ist, drücken irgendwann nach innen durch. Der Leidensdruck durchdringt die Zellen, befällt den Körper und macht ihn krank. Dem sollte man vorbeugen, indem man dem Sorgenfeld nicht zu viel Kraft gibt und es nicht ständig mit neuen negativen Gedanken auflädt. Oft ist auch ein Mangel an Vernunft mit im Spiel, der jegliche Entschlusskraft lähmt und verunmöglicht. Das Gewissenhafte und Zuverlässige taucht ab, das eigene Weltbild verdunkelt sich.

Die Einflüsse von negativen Gedanken wirken aktiv auf die psychische und physische Verfassung des Menschen, diese Kräfte sollte man nicht unterschätzen. Abgesehen von psychischen Störungen und Erkrankungen kommt es auch häufig zu Herz-Kreislauf-Störungen. Die Einflüsse von positiven Gedanken jedoch wirken sich heilend auf die psychische und physische Verfassung des Menschen aus, das ist allgemein bekannt.

Das Überschreiten eines dichten und negativen Zustandes in eine positive stabile Lebenshaltung tönt zwar einfach, ist es aber nicht. Auch das weiß man aus eigenen Erfahrungen. Die Komplexität und die Ausdehnung der psychischen Verfassung des einzelnen Menschen sind in ihrer globalen Art kaum wirklich fassbar. Die Quellen und Kanäle, die ganzen unbewussten in der Psyche angesiedelten Inhalte sind gigantisch. Jeder Mensch trägt eine überbevölkerte Megacity an Informationen aus seinen Erinnerungen in seinem Bewusstsein mit sich herum – einen Riesenballast!

Die Funktionalität und die Eigendynamik der unbewussten Abläufe, die in vielschichtigen inneren Ebenen und Zonen des Gehirns aktiv sind, diese Kräfte bestimmen und steuern weitgehend die täglichen Abläufe des Menschen und bestimmen auch seine psychische Verfassung.

Was da alles ständig im Unbewussten abläuft, ist für den Verstand nur am äußersten Rand erkennbar und fassbar. Obwohl der Verstand ständig bemüht ist, sich selbst zu objektivieren und zu verstehen, bleibt er dennoch im Spektrum seiner eigenen Grenzen stecken, denn die Spannungskräfte von erlebten und erinnerten Informationen, die in unbewusste Zonen und Ebenen abgesunken sind, verändern sich ständig. Die inneren Kräfteverhältnisse dehnen sich aus und ziehen sich wieder zusammen, das Leben ist ein ständiges emotionales Auf und Ab, dem man mehr oder weniger ausgeliefert ist.

In solchen geballten Spannungsfeldern spielt sich das Leben des Menschen ab. Die daraus resultierenden ungewollten und unerwünschten Aufs und Abs im Leben haben ihre Eigendynamik, und ob man dies will oder nicht, Dinge geschehen einfach, weil sie geschehen.

Was wir alles nicht möchten und doch erleben und erleiden müssen, können wir kaum beeinflussen oder steuern. Ebenso wenig das, was uns das Leben alles schenkt, ohne dass wir es gewollt oder erwartet hätten. Leben ist anders, als man denkt oder sich vorstellt.

Diese Spannungsfelder, in denen wir leben, sind wir selbst. Sie reißen uns ungewollt mit sich. Genau dieses Unkontrollierbare macht den Menschen launisch und unberechenbar, obwohl er dies eigentlich gar nicht möchte. So geschieht es immer wieder, dass man Dinge sagt oder tut, die man eigentlich gar nicht wollte und im Nachhinein bereut.

Launisches, unkontrollierbares und unberechenbares Verhalten, das sind die Brandherde, die das Verhältnis zu den Mitmenschen stören und aus dem Gleichgewicht bringen. Aus diesem Ungleichgewicht entstehen viele leidvolle Ereignisse, die besorgniserregende und bedrohliche Situationen entzünden. Wie von unsichtbaren, unkontrollierbaren Spielbällen wird der Mensch von seinen eigenen Emotionen hin und her gerissen, was stets schäumende Dissonanzen in sein eigenes Leben spült. Das Leben ist ein stetiger Kampf im Streben nach Gleichgewicht.

Oft hofft der Mensch, zwischenmenschliche Dissonanzen im Austausch der Körpersäfte harmonisieren zu können und dadurch das Gleichgewicht wiederherzustellen, was jedoch nur bedingt gelingt, denn die Manneskraft im Kopf vermag die Gefühlswelt der Frau kaum wirklich tief zu berühren.

Was dem Menschen wirklich Kraft gibt, ist Klärung und Klarheit. Wegwünschen und Weghoffen bringt nichts, und auch die menschlichen Triebe vermögen keine wirkliche Lösung für Sorgen und das innere Leiden herbeizuführen.

Der psychische Druck, der Sorgen erschafft, führt den Menschen an Grenzen und Abgründe. In der Konfrontation mit sich selbst wird er seiner inneren Architektur des Schmerzes gewahr. Dieser sonderbare, selbst erschaffene Lebensüberbau, dieser seltsame Wesenszug, den der Mensch sich angeeignet hat, raubt ihm die Lebensfreude und verhindert das unbeschwerte Genießen des Lebens. Der Sinn des Lebens kann gewiss nicht in Sorgen und Leiden liegen! Je mehr du deine inneren Grenzen überwindest, desto mehr wirst du der grenzenlosen Wunder in diesem wunderbaren Universum gewahr.

Schönheit

Gönne dir alles Schöne in der Welt, denn die Welt an sich ist nichts als Schönheit! Sei jedoch tief gewahr, dass Schönheit bereits in dir vorhanden sein muss, damit du sie in der Außenwelt wahrnehmen und erleben kannst. Letztlich ist Schönheit nicht das, was du in der Außenwelt siehst und erlebst, sondern das, was du und alle Menschen im tiefsten Sinn sind.

Um Schönes zu erleben, braucht man nicht etwas Euphorisierendes und Aufputschendes einzunehmen, es braucht nichts von außen hinzugefügt zu werden. Die Schönheit, von der ich spreche, ist leise, still, sanft und erfrischend wie die herrlichen Farben der Morgenröte. Diese Schönheit ist die Subtilität des eigenen Wesens. Diese Schönheit ist eine geheimnisvolle Kraft jenseits des Verstandes und aller erlebten schmerzhaften Erfahrungen.

Das düstere Sorgenfeld des Menschen vermag nie in die Unermesslichkeit dieser Schönheit einzudringen, so wenig, wie Dunkelheit in Licht einzudringen vermag. Schönheit ist also nicht etwas, das man hat, sondern was jeder Mensch im tiefsten Sinn immer ist. Schönheit ist reine Seelenkraft, die sich ihren unpersönlichen Weg durch den Körper bahnt und Lebensgrundlagen für unser Dasein erschafft, wenn man es nur zulässt.

Das Durchschreiten des Menschen durch sein eigenes Leben in der Welt ist gewiss nicht einfach, denn er wird, ob er will oder nicht, bereits in seiner Jugend mit der Einschulung in ein gigantisches kollektives Arbeitslager eingefügt, in dem er sich zurechtfinden und behaupten muss, um später in der Gesellschaft funktionstüchtig zu sein.

Es lastet auf ihm ein permanenter Druck, der nicht immer einfach zu verkraften ist. Man ist gezwungen, Geld zu verdienen, um zu leben, und dieses Müssen erhöht den Druck. Man empfindet das Tun-Müssen häufig als einen Freiheitsverlust. Doch ist dem wirklich so?

Der Mensch hat endlos viele Wünsche und Verlangen, und er will sich vergnügen. Doch dieser Durst nach Ablenkungen und die Sehnsüchte können nie wirklich gestillt werden. Die Wurzelkraft dieses unbändigen Verlangens trübt den Geist und verhindert eigentlich genau das, was man am meisten möchte, nämlich innere Freiheit. Innere Freiheit ist nichts anderes als blütenreine Schönheit.

Dadurch, dass sich der Mensch seinen brennenden Wünschen und den vielen Verlangen hingibt, betrügt er sich selbst, denn diese Kräfte wollen ständig befriedigt werden, und dadurch verkennt er seine wahren Bedürfnisse.

Wem es gelingt, diesen begehrenden Kräften zu entfliehen und diesen alten Brand allmählich zu löschen, der erwacht in allumfassender Zufriedenheit, die nichts anderes als unermessliche Schönheit ist.

Konflikte

Gönne dir eine Pause von deinen beladenen Gedanken, gönne dir die Möglichkeit, eine Weile abzuschalten. Erfülle die Lücken zwischen den Gedanken mit Ruhe und eile nicht ständig deinen Gedanken nach. Ruhe ist nicht ein Ort der Langeweile, sondern ein Ort, wo die Erregbarkeit des Gehirns besänftigt wird.

Die heilende Wirkung eines Spaziergangs durch einen Wald oder einem Fluss entlang ist erstaunlich. Da sollte man am besten wenig oder gar nicht sprechen, damit die Sinne offen für die Geräusche der Natur sind und sie voll aufnehmen können. Die Stille, die die Natur umhüllt, ist in Resonanz mit etwas Innerem, mit etwas Tiefem im Menschen.

Oft zeigen sich in Momenten der Entspannung Erkenntnisse und Möglichkeiten, wie und wo Probleme und Sorgen anzupacken sind. In Momenten des Wohlbefindens zeigen sich häufig Veränderungsmöglichkeiten und neue positive

Perspektiven. Wann immer möglich, und möglich ist es immer, sollte man unmittelbar aktiv werden und diese Möglichkeiten ergreifen und umsetzen. Jeder kleinste Ansatz, der zur Klärung einer heiklen Lebenssituation beiträgt, ist wertvoll und kostbar. Jedes wirkliche Bemühen kann Weichen stellen und dem Leben Erhellung und Heilung schenken. Die schlechteste Option ist, nichts zu tun.

Wenn sich ein Türchen öffnet, zögere nicht, werde aktiv, bevor es sich wieder schließt.

Ein nüchterner realer Optimismus kann zum Leitfaden des Lebens werden. Achte wachsam auf das, was du denkst, und auf das, was deine Gedanken alles im Schilde führen. Entdecke die Geburtsstätte, aus der deine erdachten Sorgen und dein Leiden hervorgehen. Erlaube dir nicht, nur oberflächlich hinzuschauen, kröne dein Hinsehen mit Liebe und Klarheit. Bewege dich innerlich und fürchte dich nicht davor, alte Träume zerschmettern zu lassen.

Auch wenn das Leben schwer und schwierig ist, das Schwert der Liebe und der Klarheit vermag vieles oder gar alles zu erneuern. Passivität und Lethargie dagegen behindern positive Prozesse und erschaffen negative Stimmungsbilder, in denen der Geist gefangen ist.

Geprägt von vielen negativen Erfahrungen, fühlt sich der Mensch wie ein Schiffbrüchiger und ist voller Misstrauen und Argwohn gegenüber den Mitmenschen und dem Leben. Der Antrieb, positiv aktiv zu sein, wird dadurch geschwächt, und genau diese Schwäche gilt es zu heilen, und zwar durch ein besseres Verständnis seines eigenen Verhaltens.

Ein kleiner Hinweis, wie man mit gewissen Situationen umgehen kann, könnte hier hilfreich sein. Angenommen, man hat mit jemandem Streit. Bei Konflikten geht es ja vorwiegend um unterschiedliche Sichtweisen und Vorstellungen, um unterschiedliche Charaktereigenschaften und Verhaltensweisen und eigentlich nicht um den Menschen an sich. In Konfliktsituationen gerät der Mensch in einen Ausnahmezustand – er ist wütend, er ist außer sich.

Wut ist eine Kraft, die dem Menschen die Vernunft raubt und ihn zu unüberlegten Worten und Handlungen zwingt, doch dem kann man vorbeugen. Wie?

Wenn du wirklich wütend bist, dann solltest du genau in diesen Momenten nichts sagen, sondern sofort beginnen, langsam von zwanzig rückwärts zu zählen bis null. Und wenn sich die feurige Wutkraft noch nicht besänftigt hat, fange gleich noch mal von vorne an, so lange, bis sich der Kopf abgekühlt hat. Erst wenn die Wut verraucht ist, und dies kann unter Umständen auch einige Tage dauern, ist eine Klärung und somit eine neue Erfahrung möglich.

Konfliktlösungsbereitschaft fängt immer bei dir selbst an und nie bei den anderen. Aktiv werden bedeutet, auch in schwierigen Situationen das Gespräch zu suchen. Ob man im Recht oder im Unrecht ist, ist dabei irrelevant.

Manchmal lassen sich festgefahrene Konflikte einfach nicht lösen, dann lerne, auch mit diesen Situationen auf eine gute Art umzugehen, indem du dich mit dir selbst versöhnst und innerlich mit dieser Situation abschließt, indem du sie endgültig aus dir verabschiedest. Das Abschließen ermöglicht eine wirkliche Versöhnung mit unguten Situationen.

Wichtig ist, dass man die alten, konfliktbeladenen Situationen konsequent nicht mehr mit alten, negativen Gedankengruppen belebt und auflädt und dass man die Bedeutung und die Folgen der Verstrickungen mit den Sorgen erkennt. Auch sollte man genauer hinsehen, um herauszufinden, welchen Anteil der Sorgen man als real empfindet und welchen Anteil man sich möglicherweise nur einbildet.

Der Verstand ist der Hauptsponsor unzähliger fehlgeleiteter Gedanken, Konzepte und Vorstellungen, doch er ist von der Richtigkeit und der Wirklichkeit seiner produzierten Gedanken und projizierten Einbildungen überzeugt. Der Verstand ist von seiner eigenen Existenz überzeugt, er glaubt zu wissen, ohne sich selbst jemals in Frage zu stellen.

Es wäre gewiss ratsam, die emotionalen Belastungen, die durch Sorgen verursacht werden, nüchtern zu betrachten, sie zu hinterfragen und auf ihre Wirklichkeit zu prüfen, denn vielleicht ist alles ganz anders, als man denkt und glaubt!

Sei furchtlos

Sei furchtlos, formuliere in Worten, was dich bedrückt, aber immer in einem angemessenen Ton und nie in aggressiven, beleidigenden Worten, denn der Ton macht die Musik!

Jede Klärung hat ein Ziel, und diese Zielsetzung muss klar gesehen und kommuniziert werden. Nur so wird es möglich sein, Unklarheiten und Spannungsfelder aufzulösen. Um sein Leben zu verändern und zu erneuern, braucht man eine gewisse Disziplin. Disziplin ist eine ordnende, strukturbildende Kraft, die es ermöglicht, konsequent, unbeirrt und furchtlos an etwas dranzubleiben. Bequemlichkeit und Disziplinlosigkeit sind keine Optionen, sie schwächen den Geist und die Entschlusskraft, und sie verhindern jegliche wirkliche Veränderung und Erneuerung.

Ehrlichkeit ist mehr als bloß eine Tugend, sie ist eine große innere Kraft, sie ist Furchtlosigkeit. Ehrlichkeit ist eine klare und klärende Kraft. Sie bringt die besten Früchte zum Vorschein Ohne

Ehrlichkeit lässt sich kein Konflikt wirklich lösen und auflösen. Ehrlichkeit ist eine Kraft, die nichts mit dem Willen zu tun hat.

Eine ehrliche Klärung einer schwierigen Lebenslage bedeutet jedoch nicht, mit Schlauheit und List einen Gewinn für sich herauszuholen und dabei nur an sein eigenes Wohl zu denken. Das ist keine ehrlich gemeinte Klärung, sondern eher ein Zeichen korrupter Verschlagenheit.

Auch wenn das Herz blutet vor Schmerz und Enttäuschung, die Vernunft lässt dich nie im Stich, wenn du dich ihr zuwendest. Du kannst frei sein von Sorgen und Leid, wenn du dich mit Nachsicht und Geduld auf der Straße der Vernunft und Ehrlichkeit bewegst. Umfasse dein Leben mit Zuversicht, und erhebe dich aus der inneren Nacht. Vernunft ist die Treppe, auf der du emporsteigen kannst.

Die Bereitschaft, Menschen wirklich zuzuhören, bietet die Grundlage und die Chance, die zu einer wahren Klärung führen kann und auch zu einem besseren und tieferen Verständnis für Situationen.

Das Resultat einer Klärung ist nicht immer das Wichtigste, wichtig ist ein tiefes Verständnis von sich selbst, seiner Gesinnung und Motivation. Sind Gesinnung und Motivation von Vernunft, Vertrauen und Ehrlichkeit geleitet?

Fakt ist, man hat nicht immer recht! Das gilt es zu verstehen und zu akzeptieren. Wichtig ist die Bereitschaft, nichts zu unterlassen, das Klärungen von verworrenen Situationen ermöglicht. Ruhige und klare Kommunikation ebnet den Weg, der zu Klärungen und Lösungen führt. Lösungen ermöglichen, sich von den Schwierigkeiten im Alltag abzulösen und einen klareren Überblick über die Abläufe des eigenen Lebens zu erhalten. Dies bewirkt einen besseren Umgang mit sich selbst und den Mitmenschen.

Wer dies erkennt und so lebt, schafft Raum für ein klares und unbeschwertes Leben. Was als Klarheit im Herzen erblüht, bringt gute Früchte hervor.

Die Seele möchte frei fließen, frei von eigensinniger, selbstzerstörerischer Kraft. Vernunft und Ehrlichkeit bilden die innere Kraft, die es der Seele erlauben, zu fließen. Wahre Menschenliebe ist der Duft der Seele. Sie ist der Urgrund des menschlichen Daseins. Seelenkraft bewegt sich in der reinen Vernunft und in jedem Atemzug. Alles fließt aus dieser Kraft hervor, alles fließt mit dieser Kraft zurück ins eigentliche sorgenlose Dasein, das wir in Wirklichkeit sind.

In die Sorgen und Missverständnisse, in die sich der Mensch vergräbt, in diese Sorgen lässt sich Gott, der das Beseelende ist, nie eingraben.

Erhebe dich, zweifle nicht und entdecke die Schönheit, die der Vernunft, der Ehrlichkeit und der Disziplin innewohnt.

WORTKRAFT

Die Worte Ja und Nein sind beide gleichwertige, wunderbare und positive Instrumente, die, wenn richtig eingesetzt, viel Gutes bewirken können. Ja und Nein sind klärende Instrumente, sind Wortkräfte, mit denen man sorgfältig umgehen sollte.

Worte wie »Ich kann nicht«, »Das ist nicht möglich«, »Ich zweifle« sollten vermieden werden, denn auch sie sind Wortkräfte, die dich schwächen und in lethargische Tatenlosigkeit verbannen. Sie verdunkeln den Geist und das Leben. Es ist außerordentlich wichtig, dass du dir deiner eigenen Wortkraft bewusst wirst und verantwortungsvoll mit Worten umgehst.

Wenn das Leben leer und sinnlos erscheint, dann fehlt es meistens an Liebe. Liebe ist Nahrung für die Seele, und Liebe ist wie eine sanfte Welle, die in die Seele zurückfließt und ihren Durst stillt.

Glaube an die in dir lebende große Kraft, und erwecke sie zum Leben. Werde aktiv, sage Ja zum

Leben, und strecke dein Herz und deine Hände zum Leben hin. Sage Ja zum Leben, sage Ja zu dir, denn dann kann auch das Leben Ja zu dir sagen. Es braucht ein unerschütterliches Ja zur Geduld, ein Ja zur Ausdauer, ein Ja zum Heranreifen.

Sieh, diese lebendige, liebende und erweckende Kraft ist arbeitende Liebeskraft in dir. Nimm diese feinen Worte tief in dich auf, verstehe und erkenne sie in deinem Herzen, in deinem ganzen Wesen und vergiss nicht: Worte sind Taten!

Wenn du passiv bist und passiv bleibst, dann schwimmt das Leben an dir vorbei, doch dafür ist dein Leben viel zu kostbar. Werde aktiv, und schenke deinem Leben Klarheit. Du brauchst ja nicht gleich Berge zu versetzen. Die kleinen Erfolge sind die, die am hellsten leuchten, sie sind die schönsten. In kleinen Paketen sind meistens die kostbarsten Geschenke.

Zweifle nicht an dir, werde aktiv dort, wo es dir möglich ist, und verliere dich nicht in Träumereien.

Erhebe dich über alte Brandwunden, die durch Unrecht entstanden sind. Gib ihnen jetzt die Möglichkeit auszuheilen – wenn nicht jetzt, wann dann? Erhebe dich über alle Rachsucht, und sei stets deiner Wortkraft gewahr.

Die Ketten von schlechten Gedanken und Gefühlen verankern dich im Sorgenfeld, sie verhindern inneres klärendes Bewegen. Reiße sie aus deiner Seele, befreie dich von ihnen. Denke nicht immer dieselben alten, modrigen Gedanken, bleibe nicht im Hamsterrad stecken, fließe zurück ins Leben. Vergiss nie: Du bist mehr, als du denkst und mehr als nur Gedanken.

Nicht jammern

Es gibt zwei Arten von Sorgentypen: Die einen, die ständig über alles und überall jammern, und es gibt die anderen, die verschlossenen Jammerer. Diese nehmen alles in sich auf und schließen ihr Gejammer in sich ein, bis sie innerlich überlaufen und plötzlich unkontrollierbar explodieren, was meistens katastrophale Auswirkungen hat.

Eigentlich möchte niemand zu diesen beiden Typen gehören, deshalb gilt es Folgendes zu verstehen: Erstens Jammern nützt nichts, zweitens das Gejammer der Jammerer mag niemand wirklich hören! Deswegen ist es wichtig, aktiv zu sein und zerrüttete und zerfahrene Situationen zu klären und in Ordnung zu bringen.

Sorgen sind in vielen Fällen Verletzungen im seelischen Leben des Menschen, offene Wunden, die nicht heilen wollen. Die meisten Sorgen jedoch sind durch selbst erschaffene Umstände und Unklarheiten, in die man sich verstrickt hat, entstanden, und der damit verbundene Schmerz ist das Resultat. Dies zu akzeptieren und zu erkennen hilft, sich mit dieser Tatsache zu versöhnen. Das ist Heilung.

So wie man die Jahreszeiten des Körpers und die Jahreszeiten der Gefühle mit Gelassenheit hinnehmen soll, so sollte man gleichermaßen auch Unbeständigkeit und Misserfolge hinnehmen. Unbeständigkeit und Misserfolge gehören zum Leben. Es handelt sich jedoch immer um Erfahrungen aus gestrigen Tagen, die allerdings ganz und gar den heutigen Tag beeinflussen. Sie sind unsere Lehrmeister, auf die wir hören sollten. Ein anderer wichtiger Lehrmeister ist die Vernunft. Sie ist die Quelle der inneren Kraft, die Klärung und Überwindung ermöglicht. Es ist diese Kraft, die Unordnung beendet und Ordnung wiederherstellt.

Gott ruht in der Vernunft, er trocknet alle Tränen und umarmt und beschützt das zarte Seelenkleid des Menschen. Verschließe dich nie dieser feinen wortlosen Stimme in dir!

Liebe das Leben, dann liebt das Leben dich

Sorgen setzen sich aus Gedanken zusammen, und diese erzeugen automatisch eine schlechte Befindlichkeit. Sie infizieren vielschichtig die Gefühlswelt des Menschen. Angst vor Verlust, Angst, nicht gut genug zu sein, Existenzängste und so weiter – all diese Kräfte schaffen Verunsicherung und Ruhelosigkeit, sie machen den Menschen krank. Sorgen und Furcht verdunkeln stets das Innenleben des Menschen und dadurch auch sein alltägliches Leben.

Um diese dunklen Wolken aufzulösen, muss sich der Mensch tiefer und besser kennenlernen. Bei diesem Kennenlernen stößt er in seinen eigenen Tiefen auf eine innere Kraft, die nichts anderes ist als reine Liebe. Mit Recht sagt man, dass Liebe die größte Kraft im Universum ist. Sie ist die Kraft, die Berge zu versetzen vermag. Die Liebe, von der hier die Rede ist, hat aber absolut nichts mit Romantik zu tun, das muss klar verstanden werden. Liebe ist ein seelisches Potenzial, das jedem Menschen innewohnt, jedoch kaum wirklich geweckt und zum Strahlen gebracht wird. Dieses Potenzial ist ein großes Geheimnis, das es zu enträtseln gilt.

Wahre Liebe ist frei von Gewinn und Verlust. Wahre Liebe gibt nichts, außer sich selbst, und wahre Liebe nimmt nichts von sich selbst. Liebe besitzt nicht und lässt sich nie besitzen.

Wahre Liebe kannst du nicht lenken, sie lenkt den Lauf deines Lebens, wenn du dich für diese Kraft öffnest. Also enge sie nicht mit Wollen, Ängsten und Sorgen ein. Sei offen für alles, sei offen für Neues, und vertraue dieser inneren Kraft. Je mehr du dich der wahren Liebe hingibst, umso mehr verschmilzst du mit ihr. Liebe hat nur ein Ziel: sich selbst zu erfüllen. Diese Erfüllung ist frei von Wollen und diffusen Ängsten.

Liebe ist frei von der Angst, etwas oder jemand zu verlieren. Was man verlieren kann, kann nie wirklich diese Liebeskraft sein. Liebe ist nie an einen Körper oder ein Ding gebunden, Liebeskraft ist und bleibt ungebunden und frei und doch durch den Körper erlebbar – und das ist einfach wunderbar.

Ein Körper kann einen anderen Körper verlassen, doch Liebeskraft verlässt dich nie, denn sie ist das Innerste deines eigentlichen Daseins. Sei dankbar für jeden Tag, für jeden Moment, denn er ist erfüllt mit Liebeskraft. Ob du dessen gewahr bist oder nicht, es ist so!

Haben, Wollen, und das Festklammern an Vorstellungen und Dingen, die man haben möchte oder bereits hat, diese Energien schaffen Verschiebungen im Geist und verändern dadurch die Wahrnehmung des eigenen reinen Lebens. Diese Verschiebungen beeinträchtigen auch die Vernunft und verhindern ein tieferes Verständnis der eigenen Lebensabläufe. Dadurch vermehren sich die Sorgen.

Sorgen können den Menschen inaktiv machen oder auch unberechenbar. Die Farbigkeit der Welt wird durch das Sorgenfeld massiv beeinträchtigt und eingetrübt.

Generell magst du es, wenn die anderen mit dir einig sind, und du hasst es, wenn sie von deinen Meinungen und Überzeugungen abweichen. Du bist von dir selbst überzeugt, von deinen Ansichten, Absichten, Erkenntnissen und Taten. Abweichungen von anderen unterbrechen deinen Fluss und untergraben deine Autorität. Du bist überzeugt von deinen Handlungen und deinem Wissen und suchst ständig nach Bestätigung für deine Taten bei anderen. Weichen deren Rückmeldungen jedoch von deinen Hoffnungen und Erwartungen ab, dann bist du unzufrieden und machst dir Sorgen.

Die Welt steht dir stets frei zur Verfügung. Probleme und Sorgen entstehen erst dann, wenn du die Welt besitzen willst. Dieses Besitzenwollen und die Angst, den Besitz wieder zu verlieren, diese Angst ist nichts anderes als eine schlechte Angewohnheit, die für eine Unmenge von Sorgen verantwortlich ist. Die Welt genießen heißt gewiss nicht, die Welt an sich zu reißen.

Das Leben verläuft nie in festgelegten, geordneten Bahnen, das wissen wir alle aus vielen Erfahrungen. Immer wieder und in jedem Moment kann etwas Unerwartetes, Unerwünschtes, Unangenehmes und Ungewolltes eintreffen, ja, wir sind in jeder Hinsicht äußerst verletzliche Wesen. Dessen angstlos stets gewahr zu sein, ist eine Lebensqualität, die uns wach, sensibel und verständnisvoll für unser, wie auch für das Leben aller Wesen macht.

Es hilft nichts, mit verschränkten Armen dazusitzen und Probleme und Sorgen aussitzen zu wollen, in der Hoffnung, dass sie sich irgendwie von selbst wieder auflösen und weggehen. Nein, begegne dem Leben aktiv, beuge oder verkrieche dich nie.

Schaue innerlich still und frisch durch deine Augen auf das Leben, und staune, was es da alles Neues und Unverbrauchtes zu ent-decken gibt. Das Leben ist eine spannende Entdeckungsreise, öffne ihm die inneren Tore und begrüße freudig jeden Tag, jeden Moment. Liebe das Leben, damit es auch dich lieben kann! Die Fähigkeit zu lieben bedeutet, die Fähigkeit zu leben.

Erfrischung

Jeder Mensch ist diese eine innere Kraft, diese Quelle von unermesslicher Schönheit. Diese Kraft hat nichts mit roher physischer Muskelkraft zu tun und auch nichts mit einem starken Willen. Diese innere Kraft ist eine offenbarende Kraft, sie ist das unerschütterliche Ja zum Leben.

Auch wenn die Lebensumstände manchmal schwierig, widerwärtig oder gar unerträglich erscheinen, das Leben fließt weiter! Tauche auf, und besinne dich dieser Kraftquelle. Zapfe sie an, und bringe sie mit einem unerschütterlichen Ja zu deinem Leben zum Sprudeln. Folge nicht den Wegen der Negativität, sondern strecke deine Seele der inneren Sonne entgegen, der Quelle der erfrischenden, lebendigen Kraft.

Diese herrliche Kraft existiert wirklich in dir! Sie ist geschmeidig und leuchtend, sie ist deine wahre Heimat, jenseits des Körpers. Tauche in sie ein, und vertraue dem Leben.

Das Leben fürchtet sich nicht vor dir, du bist es,

der sich vor dem Leben fürchtet. Warum? Du bist in den kalten Denkformen deiner Sorgen und Probleme erstarrt, doch nur einen Atemzug weiter folgt der Nacht der Tag, der Kraftlosigkeit die Kraft und der Lieblosigkeit die Liebe. Zweifle nicht! Innere Geschmeidigkeit ermöglicht stets ein Umdenken, und ein Umdenken führt zu Klärung und Entschlusskraft. Dein Gestern ist dein Traum von heute, also erwache aus diesem Traum, und sage Ja zu deinem Morgen! Dein Heute wird dein Morgen sein. Du bist viel mehr, als du denkst, und du kannst viel mehr, als du glaubst und dir vorstellen kannst.

Der Strom der inneren Kraft kennt keine Biegungen, deshalb erschaffe keine Biegungen durch negative Gedanken. Gewähre ihnen keinen Ort in dir, keinen Platz, wo sie sich entfalten und vermehren können.

»Schwierig«, »nicht möglich«, »ich kann nicht« – diese Worte gehören zu den Gedankengruppen, die dich schwächen und verunsichern. Wirf sie aus dir heraus, und gewähre ihnen keine Gelegenheit mehr, in dich zurückzukehren.

Sei wie ein geduldiger guter Gärtner, der schon das kleinste Unkraut auszupft, damit dieses nicht wachsen, blühen, seinen Samen unkontrolliert verbreiten und sich vermehren kann.

Wenn drei Fliegen auf deinem Gesicht landen, dann vertreibst du sie mit einer Handbewegung. Da Fliegen meistens hartnäckig sind, kommen sie sicher noch ein- oder zweimal zurück, bis sie dich in Ruhe lassen. Wenn sich aber drei Wespen deinem Gesicht nähern, um dort zu landen, dann wirst du alles unternehmen, um dies zu verhindern, denn du weißt, drei Wespenstiche wären sehr schmerzhaft.

Dasselbe gilt für deine Gedanken. Es gibt solche, die lassen sich relativ leicht vertreiben, andere sind hartnäckiger. Die giftigen und schädlichen solltest du von dir fernhalten und, wenn möglich, gar nicht erst entstehen lassen.

Viele Gedanken und gesprochene Worte sind unnütz und überflüssig, das weißt du ja! Der größte Teil der zwanghaften Redseligkeit, die aus unruhigen Gedanken entsteht, ist nichts als Zeitvertreib, Ablenkung oder Vertuschung der eigenen Einsamkeit.

Der Mensch erträgt das Schweigen und die Stille schlecht und versucht ihnen immer wieder zu entfliehen. Er ist nie wirklich bei sich allein, er kennt die Schönheit des All-Ein-Seins nicht, und wenn er allein ist, trägt dieses Alleinsein das Kleid der Einsamkeit.

Ruhelosigkeit verführt den Menschen immer wieder zu unnötigem und unnützem Reden. Mit angeeignetem und angehäuftem Wissen versucht er, andere zu beeindrucken und sie von der eigenen Kompetenz zu überzeugen. Er möchte gesehen und anerkannt werden. Oft ist dies nichts anderes als eine Strategie, um innere Leere, die Einsamkeit des Herzens und einen Mangel an Liebe zu verhüllen. Im Ertragen der Stille zeigt sich die Nacktheit des eigenen Lebens, gleichzeitig aber auch die Möglichkeit eines neuen und frischen Sehens.

Wenn man das Leben vertrauensvoll zu verstehen beginnt, erkennt man, dass jeder Atemzug und jeder Gedanke in eine höhere Kraft eingebettet ist und dass Stürme und Schönwetterphasen zum Leben gehören, ob man dies will oder nicht.

Das Leben lebt sich selbst, und du bist zu Gast im Leben. Verstehe dieses Gastrecht, und missbrauche es nicht. Sei stets bereit, Altes in dir aufzudecken, damit du dich beziehungsweise dein Leben klarer sehen und verstehen kannst. Je klarer das Wasser ist, umso tiefer sieht man.

Um das Leben zu vertiefen, ist Selbsterkenntnis notwendig. Bei der Selbsterforschung ist jeder Gedanke wie ein Vogel, der mit den Winden fliegt und den Raum, durch den er fliegt, genauestens inspiziert und durchforscht. Er sucht den richtigen Ort, wo er die richtige Nahrung findet.

Wissen ist dienlich, wenn es vorteilhaft für alle Menschen eingesetzt und angewandt wird. Sobald Wissen durch Gier, Überheblichkeit und Lieblosigkeit verfärbt wird, wird es zu einer schädlichen Waffe. Manipuliert ein Mensch durch sein Wissen willentlich andere Menschen und tut ihnen Unrecht an, fehlt ihm jegliche menschliche Wertschätzung, und sein Eingriff schadet am Ende beiden, dem Manipulierenden und dem Manipulierten. Die schlechte Frucht, die so gesät wird, bewirkt innere Fäulnis im Säenden, denn alles Gute wie auch alles Schlechte kehrt am Ende immer zum Absender zurück, so will es das Naturgesetz: Ursache und Wirkung, Wirkung und Rückwirkung.

Gewiss liegt es nicht in der Natur des Menschen, anderen Menschen zu schaden oder ihnen Böses zu wünschen. Diese Absurdität, die auf dem Nichtwissen um das wahre Leben beruht, gilt es zu erkennen und zu überwinden. Wahrhaftigkeit ist ein großes Vergnügen, eine innere Freiheit jenseits aller moralischen Wertvorstellungen. Dieses Vergnügen stammt nicht aus schönen Erinnerungen, dieses Vergnügen ist die Wahrhaftigkeit selbst.

Die Fülle des Lebens ist immer voll. Geben um des Gebens willen bedeutet, aus der Fülle zu leben, und das ist reines Vergnügen; doch Vergnügen ist die Blüte, noch nicht die Frucht. Erst wenn der

Gebende gibt, ohne seines Gebens gewahr zu sein, ist er die reife Frucht. So wird der Frühling zum Sommer, zur Erntezeit.

Schönheit ist mehr als das Wort Schönheit. Das Wort Schönheit wird hinzugefügt, um etwas Unermesslichem Ausdruck zu verleihen – der wahren Natur des Menschen.

Das Leben entschleiert sich, wenn sich die Bedürfnisse wandeln und du bereit bist, der Stille zu begegnen. Erfrische dich!

Verbindendes in Beziehungen

Wenn in Partnerschaften heftige Konflikte entstehen, dann diskutiert man über Unstimmigkeiten, über allerlei Schwierigkeiten und Probleme. In diesen intensiven Momenten fühlt man sich getrennt und abgespalten vom Partner, man fühlt sich allein und auf sich selbst zurückgeworfen.

In diesen heiklen Momenten wäre es aber äußerst hilfreich, sich auch an das, was einen in der Partnerschaft verbindet oder verbunden hat, zu erinnern und wenn möglich darüber zu sprechen. Dabei geht es jedoch nicht um ein Abwägen zwischen Recht und Unrecht, sondern um einen Austausch von anderen Worten, von anderen Inhalten und Gefühlen. Wer Recht und wer Unrecht hat, sollte in diesen Momenten nicht diskutiert werden.

Ein Ozean von geistiger Kraft liegt unserem gesamten Dasein zugrunde. Das Unschöne, das durch Sorgen und schlechte Erfahrungen in die Psyche des Menschen eindringt, kann diesen

Ozean jedoch nie erreichen, berühren oder beflecken, so wenig wie Schatten die Sonne berühren können Diese Kraft ist sonnenhaft und immer in dir vorhanden, springe nicht aus ihr heraus!

Die Zartheit in den zwischenmenschlichen Beziehungen gilt es wach und achtsam zu pflegen. Der Umgang und die Wortwahl sind äußerst wichtig, denn der Ton macht die Musik. Harte Worte schaffen Verhärtungen und verschließen die Herzen. Sanfte Worte beruhigen und öffnen die Herzen. Wird das Herz mit Liebe genährt, dann ist die Seele ruhig und fühlt Geborgenheit, Zufriedenheit und Nähe zum Menschen, mit dem sie lebt.

So löst sich das Trennende im Zusammensein auf und zerschmilzt in einer tieferen Gemeinsamkeit. Dies öffnet einen Raum, in dem vieles Neue möglich wird. Deshalb ist es wichtig, die Wege der harten und lieblosen Worte hinter sich zu lassen, damit Liebe sein kann.

Gedanken, Worte und Handlungen bilden eine untrennbare Einheit. Wenn diese Einheit mit Liebe erfüllt ist, dann wird das Leben liebevoll und begegnet dir auch liebevoll.

Liebe ist nicht etwas, das man eine Weile hat und das dann wieder verschwindet, und die Liebe, von der wir hier sprechen, ist auch kein vorübergehender Hormonrausch. Liebe, die zur Fessel wird, ist gewiss nicht Liebe, sondern Ausdruck einer Leidenschaft, die am Ende nichts als Leiden schafft. Der Mensch liebt den Rausch der Leidenschaft, sie schenkt ihm das Gefühl, lebendig zu sein, doch Leidenschaft hat ihre Tücken, sie vermag die Vernunft auszublenden.

Unangenehme Erfahrungen in den zwischenmenschlichen Beziehungen verursachen häufig innere Brandwunden bei allen Beteiligten. Die Ausheilung dieser Wunden nimmt manchmal viel Zeit in Anspruch und ist meistens auch ein unangenehmer, schmerzhafter Prozess. Diese inneren Brandwunden hinterlassen oft hässliche Verhärtungen und Narben in den Herzen aller Beteiligten.

Manchmal sind ein Zusammenbleiben und Zusammenleben einfach nicht mehr möglich, das kommt vor. Dann wäre es aber wichtig, dass Enttäuschungen zu Ent-täuschungen führen, jedoch nicht zu weiteren Verletzungen und Verhärtungen.

Tränen trocknen, und das Leben geht weiter, so oder so! Das Ausheilen braucht seine Zeit, doch der Zeitpunkt zum Weitergehen sollte nicht verpasst oder unnötig hinausgezögert werden. Das Leben ist wie ein offener Ozean. Es gibt stets Neues zu entdecken.

Wie Menschen zusammenkommen und zusammenfinden ist eine spannende Geschichte, die das Leben selbst schreibt. Wer in einer Partnerschaft lebt, sollte auf Folgendes achten: Im Zusammensein sollte stets genügend Raum sein, dass sich beide frei voneinander entfalten können. Nicht zu weit und nicht zu nah sollte man voneinander sein, darin liegt das Geheimnis einer tiefen und erfüllenden Zweisamkeit. So entsteht nicht zu viel Hitze und nicht zu viel Kälte, sondern ein angenehmes Klima.

Wenn die Sonne im Sommer zu intensiv auf die Erde strahlt, dann verdorrt die Frucht in der Hitze und stirbt. Wenn die Sonne im Winter nur schwach auf die Erde strahlt, dann erfriert die Frucht in der Kälte und stirbt.

Der Mensch sucht immer die Mitte, denn nur in der Mitte fühlt er sich wirklich wohl und geborgen.

Schaue nicht zurück

Der einzelne Mensch ist als Akteur aktiv am Leben beteiligt und kann mit seinem Willen sein Leben gestalten und organisieren. Doch wo sein Lebensweg ihn letztlich hinführt, kann er nur bedingt beeinflussen und bestimmen. Das Leben des Menschen ist wie eine Baustelle. Jeder Mensch baut im Unsichtbaren sein eigenes Haus, das jedoch nie zu Ende gebaut wird, denn es wird ständig umgebaut, teilweise abgebrochen, renoviert und erneuert.

Schaue nicht zurück, denn das Leben geht nie rückwärts. Erlaube es den Gedanken nicht, sich wie in einem Hamsterrad zu verfangen. Das Leben kommt zu dir, also sei achtsam, was du anziehst, und sei achtsam, was du abstößt, denn was immer das auch sein mag, die Ursache aller Bewegungen bist du selbst.

Die Liebe sucht nichts anderes als die Liebe selbst, doch Menschenliebe hat viele Gesichter und Facetten. Gib acht, welche Netze du ins Leben auswirfst. Niemand ist frei von Fehlwürfen, doch es schadet nichts, genauer hinzusehen, was man in sein Herz hineinzieht.

Lausche in dein Herz, und lasse beim Hinhorchen Erwartungen, Wünsche und Vorstellungen beiseite. Unvoreingenommen lebt es sich besser. Not und Herzschmerz lassen sich durch Vernunft und Klarheit überwinden. Wichtig sind die Lernprozesse und die daraus gewonnenen Einsichten. Enttäuschungen dürfen nie darin münden, dass man der Liebe abschwört, denn die Liebe ist das größte und schönste Geschenk, das Lebenselixier der Seele.

Liebe ist uferlos und kennt weder Grenzen noch Küsten. Das Innerste des Menschen ist eins mit allem Leben, weil alles Sein in diese Eins-Sein-Quelle eingebettet ist. Wer dort hineinreift, wird zum Kenner der wahren Liebe, denn Liebe offenbart sich im Heranreifen der Seele und im wahren Mut zur Nächstenliebe, die ein tiefes Vertrauen in das Leben voraussetzt.

Einsicht ist eine Reise nach innen, eine Reise durch die Nacht ins Licht. Im Grunde ist der Mensch wie ein Tropfen, der, wenn er erwacht, in den grenzenlosen Ozean zurückkehrt.

Welche Worte in den Dialogen in der Partnerschaft verwandt werden und wie sie eingesetzt werden, ist maßgebend für das Funktionieren oder Scheitern einer Partnerschaft. Dies gilt nicht nur zu Hause, sondern auch für alle Partnerschaften, die man im Alltag pflegt.

Es ist gewiss besser, gemeinsam zu lachen, als ständig miteinander zu streiten. Rede erst, wenn deine Gedanken ruhig sind, dies kommt allen zugute. Zerstöre nicht mit deinen Worten, betrüge nicht mit deinen Worten, und sei nicht lieblos mit deinen Worten.

Gib acht auf deine Gedanken und Handlungen, denn sie erschaffen genau die Welt, in der du lebst. Du lebst in deinen eigenen Gedankenkonstruktionen und identifizierst dich mit ihnen.

Die Kraft zu lieben ist stärker als die Kraft zu zerstören. Liebesgedanken schaffen Liebestaten und Orte der Liebe, nicht nur für dich, sondern für alle. Anstand, Zuverlässigkeit und Loyalität zeichnen den Menschen aus, der aus den Feinheiten des Lebens lebt.

Wer so lebt, dessen Lebensweg ist voll innerer und äußerer Schönheit. Sein Blick, seine Worte und Gedanken sind sanft, aber bestimmt und klar. Liebe ist eine kraftvolle, ausstreckende Hand ohne Schwäche. Mitempfinden ist eine bewahrende, behütende, nährende Kraft, gleich einer leuchtenden Blüte, aus der unzählige Bienen den Nektar trinken.

So zu sein bedeutet nicht, etwas oder jemand

Besonderes zu sein. So zu sein ist so, wie du eigentlich bist, wenn du den unnötigen hinzugefügten Ballast aus deinem Leben entfernt hast. Der innere Ballast macht dich schwer und für die anderen Menschen unzugänglich und raubt dir deine Schönheit.

Die Natur schaut sich durch die Sinne des Menschen selbst im Spiegel an und bewundert die Fülle an Schönheit. Die Sinne des Menschen sind Werkzeuge der Natur, und der Mensch selbst ist Teil der Natur. Du kannst nur das sehen und empfinden, was du selbst bist, denn das Gesehene kann nie getrennt vom Sehenden existieren.

Es ist die Menschenliebe, die Hindernisse und Nebel von deinem Lebensweg entfernt und wegräumt, und es sind die Selbstsucht, die unbefriedigten Bedürfnisse, die Einsamkeit und der starre Eigensinn, die sich wie ein schwerer Nebel über den Lebensweg legen. Dringe erkennend und erwachend in deine eigene Welt ein und vertreibe alte Gewohnheiten und eingenistete Lethargie. Trägheit ist wie ein schlafender Riese, der sich im dicken Nebel versteckt und nicht geweckt werden möchte.

Welchen Weg wirst du wählen? Wählen kannst du immer, in jedem Moment. Bleibe nicht in Gedanken von Schuld und Nicht-Schuld eingeschlossen, sie bringen dich keinen Schritt weiter.

Saure Gedanken machen dein Herz sauer, bittere Gedanken verbittern deine Seele. Lasse dich nicht mehr von deinen eigenen unguten Gedanken und Emotionen knechten, denn sie sind das Auffangbecken für all deine Sorgen und Ängste.

Selbstmitleid schwächt dich und schadet vor allem dir selbst. Erhebe dich und schüttle diese Ankettung von dir. Auch das Bedauern der anderen nützt dir nichts, es verstärkt und verlängert bloß die Kette.

Schenke deinen Gedanken Flügel, damit sie losfliegen können. Du kannst deine Gedanken nicht von deinen Taten trennen, denke darüber nach. Du bist der Weg und der Reisende selbst, deshalb achte darauf, wo du deine Füße hinsetzt. Achte auf die Stolpersteine, damit du nicht hinfällst und dir vermeidbare Verletzungen zufügst.

Niemand legt dir Steine in den Weg. Nein, es sind deine, obwohl du das vielleicht nicht wahrhaben willst. Entferne sie, einen nach dem anderen, das kannst du. Glaube an dich selbst und zweifle nicht, sei »Kraft ohne Stärke«. Der Tag ist übervoll mit guter Kraft, nütze sie. Gewiss ist dein Leben nicht sinnlos, wenn du dich nicht in Sinnlosigkeiten verstrickst. Der Schaum deiner Wünsche und Begierden sammelt sich in deinem Körper an und stiehlt ihm die Ruhe. Wünsche und Begierden türmen sich hoch in deiner Seele und werden dort zu einer unsichtbaren Stadt. Innerhalb ihrer Mauern wohnt nichts Freies. Deshalb baue die Mauern zurück, und kehre zu wunderbarer Einfachheit zurück. Achte auf die Fallstricke deiner Wünsche und Begierden, denn mit ihnen hast du die Mauern aufgebaut!

Glaube an dich selbst, an die innere Kraft, sie ist kein Mythos. Erkenne, dass Klarheit und Liebe stärker sind als alles Wissen und stärker als alle Hindernisse.

Lasse den Chor deiner Sorgen verstummen, und lausche einer neuen Musik in deinem Herzen. Mag sein, dass du die neue Musik nicht gleich wahrnehmen kannst, aber das macht nichts. Sei geduldig mit dir selbst, und sei geduldig mit den Mitmenschen.

Wenn du dich ständig an schlechten Erinnerungen orientierst, schwächst du dich selbst und verzögerst das Erklingen der neuen Musik in dir. Das Geflüster der Zweifel übertönt die frische Musik, und dies muss gewiss nicht sein. Lasse dich nicht von alten Erinnerungen hetzen und jagen, denn das Gestern ist nur am Rande dein Heute.

Du bist eigentlich nicht gekränkt und enttäuscht vom Leben, sondern von den selbst fabrizierten Inhalten, in denen du lebst. Das Gestern hat seine eigene Kraft, und das Heute hat seine eigene Kraft. Orientiere dich an der »Kraft ohne Stärke« in dir, denn sie lässt die neue Musik erklingen, und diese ist weder mit dem Gestern noch mit dem Heute verknüpft.

Absolut nichts kannst du an deiner Vergangenheit ändern, absolut alles lässt sich im Heute erneuern. Steige innerlich in dir empor mit der »Kraft ohne Stärke«, damit du aus der Ferne das Sorgenfeld verstehen, durchschauen und überschreiten kannst.

Lies diese Worte nicht einfach als eine Information, sondern entdecke sie als große Möglichkeit. Habe den Mut, dein Leben mit neuen Farben auszumalen. Um dies zu tun, braucht man keine speziellen Fähigkeiten oder Anleitungen. Um einen kleinen Hügel zu ersteigen und von oben auf eine Stadt herunterzuschauen, dafür braucht es ja auch keine Gebrauchsanweisung.

Ein Sturm kann zu einem angenehmen Wind werden, eine reißende Flut zu einem stillen Wasser. Mit den Worten ist es dasselbe. Ein behutsamer Umgang mit Worten ist wichtig, denn Worte sind wirklich gigantische Kräfte. Bevor man spricht, sollte man stets abwägen, welche Worte man wählt, um etwas zu kommunizieren.

Gedanken fließen frei. Ihre unbegrenzten Möglichkeiten zu entdecken und auszuschöpfen, ist eine spannende Entdeckungsreise. Doch Gedanken funktionieren nur innerhalb des Raums des Denkenden, dessen sollte man gewahr sein. Sich in seinen Geist zu vertiefen und dadurch die Geburtsstätte der Worte zu verstehen, dieses Vertiefen ist wirklich eine edle und lohnenswerte Aktivität.

Gedanken sind grundsätzlich weder gut noch schlecht, doch achte darauf, in welche Richtungen sie fliegen, denn Gedanken sind auch der Dünger für allerlei Sorgen. Achte auf deine Gedanken und werde dir bewusst, was sie in deinem Leben alles bewirkt haben oder noch bewirken könnten. Sei dir deiner Gedanken und deiner Gedankenqualität tief bewusst, denn Gedanken sind Kräfte, die in den entsprechenden Gedankenformen im Alltag ihren Nährboden und ihren Ausdruck finden.

Sieh dir genau an, wohin du denkst, und schau, was du denkst. Wenn dies gelingt, bist du in Frieden mit deinen wandernden Gedanken, und dein Leben ist offen für das Leben selbst.

Feuer und Wasser

Erhebe deine Augen und wende dich der Vernunft zu. Erkenne, was dich schwächt. Liebe hilft dir, den verborgenen Sinn deines Lebens zu entdecken und Festgefahrenes aufzudecken. Wenn der Lebensstrom frei fließt, ist alles möglich.

Die Kunst, zu vergeben und zu verzeihen, ist eine der schönsten, edelsten und wichtigsten Künste, die es gibt. Diese Kunst ermöglicht es, dichte Lebensnebel aufzulösen.

Beklage dich nicht wegen deiner Vergangenheit, lasse sie ruhen und Vergangenheit sein, denn sie existiert nur noch in deinen Erinnerungen. Gestalte dein Leben täglich neu, denn jeder Moment ist frisch und unverbraucht. In dieser Möglichkeit, in dieser Kreativität findest du den verborgenen Sinn und die Schönheit deines Lebens. Bleibe nicht am äußeren Rand deines Lebens stecken, entdecke, was sich hinter deinen alten, engen Gedankenkonstruktionen verbirgt. Du bist mehr als das, was du denken kannst.

Du bist an ferne Orte gewandert, kehre nun zurück in deine innere Heimat. Erkenne: Alleinsein und Einsamkeit erlebt man in der Ferne, aber nicht in der inneren Heimat. Lösche deinen Durst an der inneren Quelle, dort wird dein Durst gestillt werden. Trinke dieses lebendige Wasser, es wird dich erfrischen und dir Kraft und Zuversicht schenken – Feuer und Wasser. Die Flamme ist die innere Kraft, das Öl die Zuversicht. Kümmere dich nicht so sehr um Erfolg und Misserfolg, sondern bemühe dich stets um Einsicht in die eigenen Tiefen deines Wesens, denn nur dort findet Klärung und Erlösung von äußeren Sorgen und Problemen statt.

Klarheit und Zuversicht sind wie das Sonnenlicht, das am Tage die Natur, die Menschen, Tiere, Pflanzen und alle Objekte sichtbar macht, denn in der Nacht sieht man nichts. Sogar durch die kleinste Ritze vermag Sonnenlicht in einen dunklen Raum einzudringen und den Raum zu erhellen. Wichtig ist, dass du dich nicht umdrehst und dich nicht von diesem Lichtstrahl abwendest, sondern dich stets der Helligkeit des Lebens zuwendest.

Schmerzhafte Gedanken spiegeln ein schmerzhaftes Leben, glückliche Gedanken spiegeln ein glückliches Leben. Das Leben scheint ständig zwischen Bejahung und Verneinung hin und her zu pendeln, manchmal in einer unglaublichen Geschwindigkeit und so schnell, dass sich dieses Hin und Her fast verselbstständigt. Die Stunden der Nacht sind unbeweglich, dort ruht das Hin und Her. Wenn du schläfst, hast du keine Sorgen, die melden sich erst wieder, wenn du am Morgen erwachst.

Beachte Folgendes: Deine Gedanken, deine Gedankenkräfte, haben deine Persönlichkeit und deinen Alltag in der Gesellschaft erschaffen. Doch Gedanken sind stets bereit, sich zu wandeln oder alte Gedankenkonstruktionen aufzulösen und durch frische Gedanken zu erneuern.

Du bist der Steuermann, die Gedanken sind das Schiff. Du selbst bestimmst den Kurs, den Weg, wohin das Schiff fährt. Sei flexibel, sei wach und vor allem sei nicht stur! Wache über deine Gedanken, achte, welches Gewand du ihnen anziehst, denn das Gewand sind deine Worte, deine Gefühle und deine Handlungen.

Reinige geduldig und behutsam deinen eigenen inneren Raum, in dem du dich eingenistet hast. Schaffe täglich Klärung in schwierigen Lebenssituationen, die du in deiner Innenwelt erschaffen hast und nun konkret in deiner Außenwelt erlebst.

Sorgen sind wie eine Sackgasse, in die du dich ungewollt und unbeabsichtigt hineinmanövriert hast. Der Weg zurück muss gefunden werden, denn am Ende einer Sackgasse führt kein Weg weiter.

Sorgen beeinflussen und besetzen die Psyche, verdunkeln den Verstand und verhindern klares und unbeschwertes Denken. Sorgen sind auch in der Physiognomie des Menschen sichtbar, sie spiegeln sich in den Augen, im Gewebe und in Form von Sorgenfalten auf der Stirn.

Sorgen machen hilflos, einsam, ängstlich, verwirren und schwächen. Sorgen sind Diebe, denn sie stehlen Lebensfreude und Lebensqualität. Sie machen ungeduldig, depressiv, sie führen in Verzweiflung und Hoffnungslosigkeit. Sorgen machen krank.

»Also sollte man Möglichkeiten finden, Sorgen zu überwinden, doch dies ist einfacher gesagt als getan«, denkt man. Wer solchen zögerlichen Gedanken Gastrecht gewährt, ist oder wird kraft- und saftlos! Willst du dich wirklich mit solch einer Haltung, die dich schwächt, begnügen? Willst du lieber in Sorgen und Selbstmitleid baden, oder bist du bereit für einen echten Neuanfang, der ohne Zweifel möglich ist?

Der Neuanfang wird jedoch nicht vom Himmel fallen, er kommt von dir und aus dir selbst. Du selbst bist der Architekt deines Neuanfangs.

Natürlich gibt es keine Standard-Neuanfangsrezepte, es geht um Möglichkeiten, die man sehen, erkennen und verstehen muss. Im Garten muss auch zuerst die Erde vorbereitet werden, damit man säen und später ernten kann. Schaffe also Voraussetzungen, damit der Neuanfang sich vollziehen und gelingen kann. Schäle dich aus deiner alten Haut, und ziehe ein frisches Gewand an.

Das neue Gewand ist ein Markenartikel, es trägt den Namen: Verzeihen, Vergeben und Erwachen. Verzeihen und Vergeben ermöglichen einen Neuanfang, in Partnerschaften wie auch in anderen Beziehungen. Verzeihen und Vergeben sind der Dünger für eine gute Saat und eine gute Ernte.

Erhebe dich und schreite voran. Gib der inneren Quelle die Möglichkeit, aus den unendlichen Tiefen in dir emporzusteigen, damit dein Leben ungehindert fließen kann. Fürchte dich nicht und zögere nicht. Durchschaue, was in dir Disharmonie erschaffen hat, und verabschiede dich endgültig von Missverständnissen und den Lieblosigkeiten in dir selbst. Sei wie Feuer und Wasser, denn beides sind lebenspendende, nährende Kräfte. Alles wird gut!

Nicht warten

Werde aktiv, bewege dich innerlich und löse dich Schritt für Schritt aus deinen Sorgen. Nichts und niemand halten dich davon ab. Suche nicht verbissen nach der Wahrheit, denn die Wahrheit findet dich, wenn du es zulässt und du ihr in dir Platz machst. Versuche nicht, deine Träume einzufangen, wende dich der Klarheit und der Vernunft zu.

Die Flut der Gedanken bewegt sich durch Nebel, nach der Morgenröte suchend. Sei behutsam und sorgfältig beim Entwirren deiner Gedanken. Der Auflösungsprozess deiner Sorgen ist ein Abtropfenlassen von alten, unguten, eingefrorenen Gedanken, ein Loslassen von Enttäuschungen, Verletzungen und unerfüllten Wünschen.

Sei sorgfältig in der Wahl deiner Gedanken, deiner Worte und Handlungen, besonders in diesem Ablösungsprozess. Jeder Anfang hat einmal ein Ende. Genieße deshalb die Geduld, die das Abtropfen erfordert.

Geduld ist der Schlüssel zum Ausreifen und das Ausreifen der Schlüssel zur Vernunft. Stets möchten wunderbare Lebenstiefen der Seele sich deinen Augen und deinem Herzen enthüllen und dir ein sorgenfreies, unbeschwertes Leben und innere Freiheit schenken.

Ein Vogel, der viele Jahre in einem engen Käfig eingesperrt lebte, hatte keine Möglichkeit zu fliegen. Doch sobald sich die Türe des Käfigs öffnet, wird er seine Flügel ausbreiten und losfliegen. In der Freiheit entdeckt er einen neuen und weiten Lebensraum und sieht die Welt mit neuen Augen.

Schaue in dich hinein und erlange Kenntnis über deinen eigenen inneren Wohnraum, deinen Denk- und Gefühlsraum. Durch dein Denken und Fühlen möblierst du deinen inneren Lebensraum und identifizierst dich mit allem, was du in diesen hineingepackt hast. Du klammerst dich nicht nur an dein Hab und Gut, du klammerst dich auch an deine unzähligen Erfahrungen und Erinnerungen. Was sich im Laufe deines Lebens alles in dir angesammelt hat, bildet einen riesigen Ballast, der dich innerlich schwer macht.

All diese vielen Dinge und Konzepte, mit denen dein Herz verflochten ist, gilt es jetzt zu entflechten. Den inneren Raum zu entstauben und zu entrümpeln, ja, das ist möglich. Mögen alte Geschichten und Erinnerungen dir noch so schwer auf dem Herzen liegen, dich betäuben und deine Seele in Trauer und Enttäuschung hüllen, wach auf, steige aus diesen nebulösen Zuständen heraus.

Was auch immer dich beschädigt oder geschädigt hat, Heilung ist möglich. Du bist innere »Kraft ohne Stärke«. Zweifle nicht an dir, denn wenn du an dir zweifelst, verhängst du eine schlimme Strafe über dich selbst, du begräbst dein eigenes dynamisches Leben. Unaufgefordert initiativ werden, um festgefahrene Situationen zu klären, macht viel Energien frei und bringt das Leben wieder zum Fließen.

Wichtig ist das Überwinden der Schwäche, der Lethargie! Das Resultat der Klärung ist nicht unwichtig, aber eben auch nicht das Wichtigste. Der Abschied von Schwächen und Ängsten ist das Wichtigste und stellt bereits eine gute Ernte dar.

Sich zurückziehen und abschotten ist der Weg in den Schmerz und in das Leiden. Was nützt es, wenn du diese Zeilen liest und dich innerlich doch nicht wirklich bewegst und dein Leben nicht in die Hand nimmst?

Lasse deine Stimme ertönen, bewege deine Lippen und schenke deinen Worten Flügel. Deine Stimme, deine Worte und Gedanken sind lebendige Kräfte, sei dir dessen bewusst. Achte auf deine Gedanken und Worte, denn sie sind wahrlich glanzvolle und kraftvolle Instrumente, wenn sie klärend und liebevoll eingesetzt werden.

Der Unschuldige und der Schuldige, der Ungerechte und der Gerechte, das Gute und das Böse, sie sind miteinander verknüpft und bedingen einander. Sie essen vom gleichen Brot und trinken vom gleichen Wasser.

Die Waagschale, mit der du wägst, solltest du wach und aufmerksam im Auge behalten. Wie richtest du über Recht und Unrecht? Welches ist das Maß deiner Bestrafung für den Schuldigen, und wie gerecht ist dein Urteil? Wie wird dein Urteil sein, wenn der zu Verurteilende Einsicht und echte Reue zeigt?

Sind nicht Einsicht und echte Reue bereits ein Weg zur Heilung, zu einer Heilung für beide, den Gekränkten wie auch für den, der verletzt und gekränkt hat? Beide bemühen sich um Heilung, beide trinken vom selben Wasser und essen vom selben Brot. Durch die Annahme der Reue wird dem Schuldigen ein Teil seiner Last abgenommen, so können beide Beteiligten heilen. Beide springen über ihre Schatten und vermögen das Licht der Klarheit wieder wahrzunehmen. Die Gerechtigkeit hat ihre eigene Tiefe, die Vernunft ihr eigenes Licht!

Nicht warten, sondern aktiv sein – das ist eine

wunderbare Möglichkeit, die Tiefen der eigenen Seele zu erforschen und kennenzulernen.

Höre dir selbst beim Denken und Sprechen zu, und achte auf die Reihenfolge und die Qualität deiner Gedanken und Worte. Das ist wichtig! Setze dich jedoch nie unter Erfolgsdruck, denn jeder Druck erzeugt Gegendruck. Manchmal lassen sich schwierige Situationen rasch klären, Wunder dauern etwas länger. Sei wach, liebevoll und klar in deinen Worten und Entscheidungen und vertraue dem Leben. Sei jedoch kritisch gegenüber deinen Lebensinhalten, den Inhalten, die von dir selbst erschaffen wurden, und sei auch kritisch gegenüber den Inhalten, die von außen zu deinem Leben hinzugefügt wurden.

Wach sein, liebevoll und klar sein bedeutet, aktiv zu sein. Trete hervor aus deinen Schatten. Der Bewusstseinsstrom wird durch Lethargie gestaut und arg verlangsamt, dadurch verliert der Mensch seine Spontaneität, seine Dynamik und seine Entschlusskraft. Trägheit und Ängstlichkeit beeinträchtigen das Leben und machen es dumpf.

Ohne Entschlusskraft bist du wie ein Blatt auf einem Fluss, das unkontrolliert in alle Richtungen mitgerissen wird, wie ein Boot auf einem reißenden Strom ohne Steuermann.

Verwehre es, Gedanken wie »Ich kann nicht«, »Das ist unmöglich« in deinem inneren Wohnraum existieren zu lassen. Wenn du klar erkennst, was mit Aktivwerden und Nicht-Warten wirklich gemeint ist, dann wird eine frische innere Kraft in dir frei, eine Kraft, die vor deinen Gedanken und Worten existiert. Das Beseelende im Körper möchte der Unendlichkeit entgegenschreiten, doch Apathie und Lethargie verhindern dies. Hauche deinem Alltag Liebe und Zuversicht ein, und mache dir selbst ein großes Geschenk, nämlich das Geschenk der Geduld – Geduld mit dir selbst und Geduld mit deinen Mitmenschen.

Ohne Liebe ist jede Arbeit leer und bedeutungslos. Wenn deine Arbeit, gleich welche, mit Liebe erfüllt ist, dann ist sie beseelt von geistiger Kraft. Habe die Gewissheit, dass es keine unwichtige oder bedeutungslose Arbeit gibt. Sei dir dessen stets bewusst.

Was immer du auch tust, tue es mit Sorgfalt, tue es gewissenhaft und liebevoll, und zwar alles, vom Morgen bis zum Abend. Erkenne: Es gibt keine guten oder schlechten Arbeiten, alle Arbeiten sind wichtig und gleichwertig.

Wenn du das wirklich erkennst, dann wird sich deine Haltung gegenüber dir selbst und deinem Leben von Grund auf verändern und erneuern. Dann hauchst du all deinen Handlungen Liebe und Kraft ein. So entdeckst du das Geheimnis und die Tiefen des unerschöpflichen Lebens.

Absolut jede mit Liebe und Gewissenhaftigkeit ausgeführte Tat schenkt Zufriedenheit und Zuversicht. Liebe und Gewissenhaftigkeit werden in der Arbeit sichtbar. So wird man auch von den Mitmenschen wahrgenommen. Arbeit, die mit Gleichgültigkeit und Widerwillen ausgeführt wird, erzeugt Lieblosigkeit und Stumpfheit und macht diese auch sichtbar. So wird man dann auch von den anderen wahrgenommen.

Das Leben besitzt seine eigene Intensität. Diese Intensität zu entdecken und zu leben, bedeutet ein Leben aus der inneren Kraft, die nie endende Fülle ist.

Glaube an dich selbst

An sich selbst zu glauben, ist nichts Religiöses, nichts Außerordentliches und nichts Spektakuläres, sondern vor allem ein klarer und unverkrampfter Umgang mit sich selbst und seinen Mitmenschen. Alle Menschen koexistieren in einem psychodynamischen Netzwerk, denn Menschen sind stets auf Menschen angewiesen, niemand kann ganz alleine für sich in dieser Welt existieren. Die anderen und du existieren im selben Lebensraum und im selben kollektiven Lebenstraum.

Alle wollen ständig etwas, und alle wollen ständig mehr von allem. Doch zu viele Wünsche und zu viel Wollen verderben das Leben, sie verderben den Menschen und sie verderben sein Herz.

Zufriedenheit findest du nicht im Wollen oder in den Objekten, sondern in der Stille des Herzens. Das Leben gibt, das Leben nimmt. Wer das gierige Wollen still werden lässt, lebt in Gleichmut. In Gleichmut begegnet der Mensch dem, was ihm das Leben gibt und was ihm das Leben nimmt, auf einer anderen Ebene.

Glaube an dich selbst und nicht an das, was du dir angeeignet hast und wieder verlieren könntest oder bereits verloren hast. Du kannst ja nie das sein, was du hast, denn was immer du auch hast oder haben möchtest, es ist etwas deinem Leben Hinzugefügtes. Was immer dir auch Sorgen bereitet, es ist etwas Hinzugefügtes. Glaube nicht an das Hinzugefügte, glaube an dich selbst. Vertraue dir selbst, denn du bist innere Kraft, die auf äußere Willensstärke verzichtet. Betrachte die Brandherde deiner Sorgen mit neuen Augen und fürchte dich nicht. Die Quelle der inneren Kraft muss zu einem Strom werden, der alles reinzuwaschen vermag. Der Glaube an dich selbst öffnet diese Quelle und bringt sie zum Sprudeln.

Zaghaftigkeit verhindert Entfaltung, doch der Glaube an sich selbst verhindert Zaghaftigkeit und Zweifel. Der Glaube an dich selbst ist die gute Nahrung, die dich stärkt und es dir ermöglicht, über den Tellerrand hinaus zu blicken. Glaube an sich selbst bedeutet nicht, auf sich selbst bezogen zu sein, das ist kein Egoismus. Der Glaube an sich selbst schließt nichts und niemanden aus. Der Raum zwischen den Menschen existiert nur im Außen, Menschlichkeit ist raum- und grenzenlos.

Das Einheitliche ist die Liebe, und Liebe ist wie Licht, das Trennende wie ein Schatten.

Du und die anderen, ihr seid weder in Körpern eingeschlossen noch an Körper gebunden. Die ganzen Sorgen, Ängste, Missverständnisse und Lieblosigkeiten, die sich im Körper festgesetzt und festgekrallt haben, sind wie gigantische, träge Schatten, die den Menschen umhüllen. Alle Körper wurden im selben Lebensraum geboren und werden im selben Lebensraum sterben. Das, was die Menschen im Raum voneinander trennt, sind vor allem ihre Lebensgeschichte und ihr kultureller Hintergrund. Weil jeder seine eigene Lebensgeschichte lebt und sich mit dieser identifiziert, ist der andere Mensch, der eine andere Lebensgeschichte lebt, stets fremd – ein Fremdkörper. Nur die Liebe vermag alles Trennende aufzuheben. Nur die Liebe vermag alle Fesseln zu lösen und alle Undurchlässigkeit aufzuheben.

Erhelle deinen Blick und überschreite das Sorgenfeld. Glaube an dich selbst. Besinne dich auf die innere Kraft. Sie bewirkt Umkehr und Abkehr von starren, festgefahrenen Denkstrukturen.

Vergiss nie, du hast wirklich nicht immer recht, und du musst nicht immer recht haben. Glaube an dich selbst, und höre auf, an dir zu zweifeln, denn du bist wirklich viel mehr als das, was du denken kannst. Du bist zu Großartigem fähig. Glaube an dich selbst!

Unbeschwertheit

Viele Menschen sind davon überzeugt, dass es schwierig oder gar unattraktiv sei, einfach und normal zu sein. Einfach sein wird als geistige Beschränkung verstanden, doch in Wirklichkeit ist es das Gegenteil.

Der Einfache lebt frei vom Komplizierten, deshalb sind sein Leben, sein Denken, Fühlen, Sprechen und Handeln unkompliziert. Nur wer glücklich ist, kann andere glücklich machen, und wenn die anderen glücklich sind, ist man selbst wirklich glücklich.

Un-beschwert sein heißt, mit wenig innerem Ballast zu leben. Wer sich das Gewand des Komplizierten umhängt, erlebt vor allem eines: Komplikationen. Der Komplizierte sucht nach komplizierten Antworten und komplizierten Lösungen, dabei übersieht er das Einfachste und Naheliegendste. Die systematisch organisierten komplizierten Tendenzen, die so im Menschen in Erscheinung treten, bewegen sich in festgelegten konditionierten Formen und Denkmodellen. Denkstrukturen sind funktionale Energiefelder, die auf einer bestimmten Ebene dem Verhalten des einzelnen Menschen entsprechen.

Oft sind diese Energiefelder konfliktbeladen und mit schlechten Empfindungen belastet. Aggressivität jedoch schafft keine gute Voraussetzung, um Probleme wirklich zu verstehen, zu lösen und zu erlösen. Destruktive Worte decken die eigenen Schwächen und Kommunikationsarmut auf. Wer destruktiv kommuniziert, missachtet die Sorgen und die Gefühle seiner Mitmenschen.

Der Wille zu zerstören, ist gewiss der niedrigste Trieb im Menschen. Zerstörerisches Denken und Handeln führt unweigerlich zu einer Kette von Ereignissen im Menschen selbst, die am Ende in Selbstvergiftung und in Autodestruktion enden. Es ist ein erbärmliches und armseliges Verhalten, das den Menschen langsam, aber sicher in eine innere Isolation treibt.

Das Gute schläft im gleichen Bett wie das Böse, sie bedingen einander. Die Aufmerksamkeit sollte nicht nur auf das Gutsein – weg vom Bösen – ausgerichtet sein, sondern auf ein Gleichgewicht, das in wahrer Menschlichkeit ruht. Die Bedürfnisse des Menschen ändern sich, nicht aber die Menschlichkeit. Wenn die enge Umzäunung, die das Ich um sich herum aufgebaut hat, durchschaut wird, dann wird der Mensch allmählich seiner Unermesslichkeit gewahr.

Die aufgebaute Vor-Stellung »Ich bin diese Person, die diese Sorgen hat« – nun, diese Person existiert nur in den Gedanken. Der Mensch an sich existiert jenseits seines eingezäunten Denkens. Er ist keine Ursache von etwas anderem. In seinem Innersten ist der Mensch grundsätzlich weder gut noch böse, nur durch sein Denken und Verhalten wird er dieses oder jenes oder ist mal dieses und dann wieder jenes.

Solange Spannung und Entspannung nicht im Gleichgewicht sind, leidet der Mensch und sieht die Schönheit und Tiefe der Einfachheit nicht. Von Unbeschwertheit keine Spur. Wer nur an sein eigenes Wohl und nur an die Befriedigung seiner eigenen Bedürfnisse denkt, ist und lebt im Ungleichgewicht. Die Aufhebung des Ungleichgewichts ist für jeden Menschen in jedem Moment möglich. Es bedeutet die Rückkehr zu Einfachheit und Normalität, frei von unnötigem egoistischem Verhalten. Dies lässt wahre Menschlichkeit erblühen.

Das Leben kann leicht sein, wenn man es sich selbst nicht unnötig schwer macht. Es kann jedoch erst dann leicht sein, wenn man die Mitmenschen nicht ignoriert und ihnen durch egoistisches

Fehlverhalten auch noch ihr Leben schwer macht. Solange dieses Ungleichgewicht nicht aufgehoben ist, bleibt Leichtigkeit bloß ein Wort und nicht eine tiefe, erfahrbare Tatsache im Alltag.

Wer einen Baum voller süßer und reifer Früchte besitzt und diese aus Gier nicht teilen will, der überisst sich. Seine Maßlosigkeit wird ihn krank machen, und er wird die Früchte nicht mehr genießen können. Wer aber seine Früchte mit anderen teilt, wird sich an Freude und Dankbarkeit erfreuen. Niemand überisst sich, alle leben gesünder und sind im Gleichgewicht.

Alles, was du bewachst, behütest und verteidigst, nennst du dein Eigentum. Dementsprechend verhältst du dich. Achte genau darauf, wie du dich zu dem, was du dein Eigen nennst, verhältst. Lebst du wirklich im Gleichgewicht zwischen Geben und Erhalten? Wenn nicht, korrigiere dies, dann wird sich vieles in deinem Leben zum Guten wandeln. Erst wenn du deinen Stolz abgelegt hast, ist dein Geben wirkliches Geben, und dein Empfangen ist echtes Empfangen.

Sei beim Geben und Erhalten einfach nur der Zuschauer. Wenn du ohne Erwartungen gibst und ohne Erwartungen erhältst, fühlst du den Puls echter Menschlichkeit. Großzügigkeit findet sich sowohl im Geben wie im Erhalten.

Erkenne tief, was es für dich bedeutet, im

Gleichgewicht zu sein. Dies ist der Schlüssel zur Unbeschwertheit. Liebe dich selbst und liebe gleichermaßen deine Mitmenschen, dann befindest du dich im Gleichgewicht!

Faulheit und Schlaffheit sind keine Tugenden, sie bringen den Menschen im Leben nicht vorwärts. Auch die vielen Ablenkungen vermögen nie die innere Leere zu füllen. Denkfaulheit in Bezug auf sich selbst und auf die eigene Lebendigkeit im Leben führt zu Verdummung und Verdummung zu dummem Geplapper und unüberlegten Handlungen. Vernunft verkümmert zu einem hohlen Fremdwort. Ein dumpfer, vernebelter Geist kann die Welt gar nicht anders als vernebelt und dumpf wahrnehmen und erleben.

Ein großer Teil des hochgelobten, angeeigneten intellektuellen und bewunderten Wissens, auf das der Mensch besonders stolz ist und das er als sein Eigen empfindet, dieses Wissen ist im Grunde nichts anderes als angesammeltes und nachgeplappertes Wissen von anderen. Der Mensch ist ein papageienhaftes Wesen, was er sich natürlich nie eingestehen wird. Er verhält sich in der Kommunikation so, als stamme all dieses Wissen direkt aus erster Hand, nämlich von ihm, und je besser dieser Blendeffekt gelingt, desto höher sind sein Ansehen und sein Status in der Gesellschaft. Hinter all diesem vordergründigen Wissen hat der Mensch gelernt, erfolgreich seine Schwächen zu verbergen: seine Einsamkeit, seine Verhärtungen, seine Eitelkeit, seine innere Not.

In der Tat, Wissen ist für das Leben im Alltag wichtig, doch Wissen ist nicht gleich Menschlichkeit.

Menschlichkeit findet man nicht in vordergründigem Wissen, sondern in einem umfassenden Gewahrsein und Verständnis von sich selbst, in das alle Mitmenschen und Lebewesen ganz natürlich mit einbezogen sind. Die Zauberworte heißen: konsequente Selbstverantwortung und Verantwortung für alle Lebewesen. Lasse dich von der Vernunft lenken, und lasse dich nicht von dunklen, schattenhaften, unguten Gedanken zu unwürdigem Verhalten mitreißen. Das hat nichts mit Moral zu tun, sondern mit normaler Menschlichkeit!

Lasse dich nicht von Stimmungen und Launen zerreißen, und vergiss nicht, du hast nicht immer recht, denn alles, was du weißt und wissen kannst, ist fehleranfällig.

Die stillen Geheimnisse des menschlichen Daseins liegen nicht im Wissen, sondern im Herzen. Die

Tiefen des Herzens sind wie ein grenzenloses Meer, ein Ozean von Frieden und unermesslicher Kraft. Tugend ist nicht etwas, das man hat oder sich aneignet. Tugend ist das, was du bist, wenn du realisierst, was Menschlichkeit wirklich ist.

Der Alltag heilt

Oft erzwingst du mit brachialer Willenskraft und Schlauheit Lösungen für deine Sorgen und setzt dich über alle und alles hinweg. Doch diese Art Lösung, die dem einen hilft und dem anderen schadet, ist zum Scheitern verurteilt. Es braucht ein neues Verständnis, ein anderes Sehen, damit Lösungen gefunden werden, die zu wahrer Erlösung von festgefahrenen Situationen führen.

Vielleicht denkst du jetzt an Situationen, in denen man dir Leid zugefügt hat und du im Recht und die anderen im Unrecht waren. Mag sein, dass es so war, aber wenn du das starke Empfinden, ungerecht behandelt und verletzt worden zu sein, nicht loswerden kannst, dann bist du ein Gefangener dieser Emotionen, Gedanken und Kräfte. Wenn du diese Verbitterung tagtäglich in dir mitträgst, dann wird diese Bürde dein ganzes Leben negativ beeinflussen, auch wenn du recht hattest. Verhärtungen bringen dich keinen Schritt weiter. Verhärtungen schaffen vor allem eines, nämlich innere Unbeweglichkeit und ein schlechtes Befinden.

Warte nicht, schaue tief in dich selbst hinein. Wirf den alten Ballast aus deinem Herzen, aus deiner Seele und deinem Bewusstsein. Denke nie: »Das geht nicht«, »Ich kann nicht«, »Das ist nicht möglich«. Mit solchen Gedanken betrügst und schwächst du dich selbst.

Glaube an die innere Kraft, wecke sie, indem du aktiv wirst. Bei der Klärung von Situationen mit Menschen achte auf deine Worte und auf deine Sprachkultur und vergiss nie, Heilung geschieht im Alltag, Heilung geschieht in dir selbst.

Schließlich geht es nicht darum, einen Krieg zu gewinnen oder recht zu haben, sondern um eine Versöhnung mit dir selbst. Es geht darum, etwas Altes endgültig zu beenden und abzuschließen, denn erst dann ist der Raum offen für Neues, unbeeinflusst vom Alten.

Vertraue dir selbst, der tieferen Lebenskraft, die in dir ist. Öffne dich und sei bereit für ein anderes, frisches Hinsehen. Wenn du darauf beharrst, dass man dir Unrecht getan hat, auch wenn dies so ist, verharre nicht in dieser düsteren Stimmung, denn diese saure Verbitterung wird dich langsam innerlich zerfressen und krank machen. Habe Mut, dich zu wandeln und tief greifend positiv zu verändern. Der All-Tag heilt. Wenn nicht jetzt, wann dann?

Akzeptieren

Die Annahme von schwierigen Lebenssituationen und Tatsachen stellt eine große und wichtige Hilfe beim Lösen und Überwinden von Sorgen dar. Niederlagen zu akzeptieren, ist nicht immer einfach, doch wer Niederlagen mit Gleichmut begegnet, ist ein wahrer Gewinner. Du musst nicht immer gewinnen, und du kannst nicht immer gewinnen, doch sieh und empfinde dich nie als Verlierer, denn das bist du gewiss nicht. Niederlagen in Gleichmut zu akzeptieren, führt zu wahrer menschlicher Größe. Das Herz des Gleichmütigen ist weit und still wie der Ozean.

Mache einen Schritt vorwärts, und sei jederzeit bereit, aus allem, was dir das Leben bietet und was es an dich heranführt, zu lernen und für alle Lernprozesse dankbar zu sein. Gewiss, das Leben ist nicht immer einfach und vielleicht auch nicht immer genauso, wie man es sich vorgestellt hat. Aber bei Vorstellungen und Wünschen stehen zu bleiben, macht dein Leben bestimmt nicht besser oder einfacher.

Das Leben ist immer in Bewegung, im Fluss, wer sich nicht mitbewegt, bleibt stecken und leidet. Unerfüllte Wünsche, Hoffnungen, Sehnsüchte und negative Gedanken sind Staumauern, die den Fluss des Lebens unterbrechen. Deshalb ist es wichtig, Hindernisse auf eine gute Art wegzuräumen, um mit dem Lebensfluss fließen zu können.

Vernunft ist das richtige Werkzeug, um die alten inneren Trümmerhaufen wegzuräumen. Wer wegräumt, entdeckt, dass jeder Moment frisch und voller Kraft und Schönheit ist.

Sorgen setzen sich aus verschiedenen negativ besetzten Gedankengruppen zusammen. Die gebündelten Kräfte der negativ geprägten Gedankengruppen verdichten die Probleme und die Sorgen des Menschen und engen ihn ein. In seinen eigenen Gedankenkonstrukten gefangen und eingekerkert, leidet er. Das Leiden zwingt ihn, nach Lösungen, Möglichkeiten und Auswegen zu suchen, um sich aus dieser inneren Gefangenschaft zu befreien.

In der Außenwelt ist etwas Unerfreuliches geschehen, das die Innenwelt, das Innenleben beeinträchtigt und in Aufruhr versetzt. Nun glaubst du, dass du für dein äußeres Problem eine äußere Lösung suchen und finden musst, und das ist natürlich ein Irrtum, denn das Problem hat nie wirklich außerhalb von dir stattgefunden, sondern in dir selbst. Das Problem ist, dass du von dir wegschaust, anstatt in dich *hinein*zuschauen, um so die Ängste und Sorgen in ihrem Ursprung verstehen und erkennen zu können.

Du sagst, ich habe Sorgen, und du behandelst sie wie deinen Besitz, wie etwas, das dir oder zu dir gehört, und bist bedrückt von der Situation und der damit verbundenen Gefühlslage. Doch deine Probleme und Sorgen waren nicht immer da, und sie sind auch nicht immer dieselben, sie wurden durch gewisse Umstände deinem Leben hinzugefügt. Sorgen und Probleme müssen als etwas *Hinzugefügtes* gesehen und verstanden werden, als ein Schatten auf dem Herzen, den es zu entfernen gilt!

Was immer es auch sein mag, das dich außen in eine ungute Lebenssituation gebracht hat, diese Situation gilt es, innen zu durchschauen und zu entschlüsseln. Doch solange du emotionsgeladen bist, wird das Entschlüsseln nicht erfolgreich sein, denn wenn du emotional hin und her gerissen bist, fehlen dir die nötige Gedankenklarheit und Objektivität.

In der Tat, für den Umgang mit Sorgen braucht es eine gewisse analytische Gewandtheit und Nüchternheit, was jedoch nichts Besonderes ist. Es sind Eigenschaften, die wir alle kennen und zu denen wir alle Zugang haben. Dazu gehört das

Unterscheidungsvermögen, das es dem Menschen ermöglicht, das Falsche als falsch und das Richtige als richtig zu erkennen.

Dabei geht es nicht primär darum, die anderen Menschen zu verstehen, sondern vor allem um das Verstehen und Entschlüsseln des eigenen Innenlebens. Beim Erforschen des eigenen Verhaltens sollte man sich folgende Fragen stellen: Warum reagiere und denke ich in schwierigen Situationen immer gleich? Warum fühle ich mich durch bestimmte Worte angegriffen und verletzt? Warum ziehe ich mich innerlich zurück oder reagiere aggressiv? Ist es möglich, diese Tendenzen so zu verändern, dass sich ein inneres Gleichgewicht einstellt?

Tatsache ist, wer sich nicht im Gleichgewicht befindet, wird sowohl vom Guten als auch vom Schlechten im Alltag betrogen. Wichtig ist der Energieausgleich in Gesinnung und Tat.

Wer sich wirklich auf die wahre Klärung seiner Sorgen und Probleme einlässt, sollte stets auf Energieausgleich achten und dementsprechend sprechen und handeln. Sprich nur Worte, zu denen du stehen kannst, und gehe gewissenhaft mit ihnen um. Prüfe den Sinn und die Qualität deiner Worte. Prüfe, ob sie energieausgleichend sind, prüfe, ob sie gerecht, klärend und liebevoll sind. Wenn dies nicht der Fall ist, ist es besser, nichts zu sagen oder zu warten, bis sie diese Kriterien erfüllen.

Bei Auseinandersetzungen ist nicht nur die Qualität der Worte wichtig, sondern auch die Qualität der Gedankenenergie. Die Wortwahl ist für die Klärung, Erhellung und Heilung von Situationen zwar auch wichtig, maßgebend ist jedoch die Gedankenenergie, mit der die Worte geladen werden. Gedanken sind mächtige Kräfte, deshalb sei achtsam, wohin du denkst, denn dort, wo du hindenkst, dort gehst du hin, dorthin verschiebt sich dein Leben. Was du dir innen ausdenkst und dir vor-stellst, ist das, was du außen in deinem Alltag eins zu eins erlebst. Die inneren Sorgen nehmen außerhalb des Körpers Form und Gestalt an.

In dir sind deine Gedanken unsichtbar, in der Außenwelt werden sie sichtbar und konkret erlebbar. Um das im Bewusstsein eingelagerte Sorgenfeld, das mit Ängsten, Enttäuschungen, Wut und mit Hoffnungslosigkeit und Ratlosigkeit überfüllt ist, klar objektivieren zu können, bedarf es einer nüchternen Innenschau, einer nüchternen Analyse der Verstrickungen und Beweggründe für die Flut von Gedanken und Erinnerungen, die ein schlechtes Empfinden zur Folge haben.

Gedanken und Worte sind eng verwandt, deshalb können aus negativen Gedanken keine positiven Worte entstehen. Man sollte darum vor allem auf seine Gedanken achtgeben und die Inhalte und Kräfte, die sie transportieren, nicht aus den Augen verlieren.

Beweggründe, Bedürfnisse und Erwartungen haben ihre eigene Dynamik, und so können liebliche Bäche zu reißenden, zerstörerischen Flüssen werden, Liebesgefühle sich in hasserfüllte Gedanken wandeln.

So wie du denkst und fühlst, so gestaltet sich dein Leben. Das, was du denkst, ist das, was du erfahren und erleben wirst. Doch das Leben passt sich nicht immer deinen Sehnsüchten, Hoffnungen, Wünschen und Erwartungen an, es hat seine eigene Dynamik. Dies gilt es zu akzeptieren, ob man nun will oder nicht. Das Leben an sich ist nie gut oder schlecht, es ist, wie es ist, und das ist gut so.

Wenn du engstirnig und egoistisch denkst, wirst du am Ende nicht viel zu lachen haben, sondern dich langfristig, vielleicht ohne dir dessen bewusst zu sein, in Verbitterung und Einsamkeit hineinmanövrieren.

Das Grenzenlose in dir ist wie Singen und Lachen, das Eingegrenzte und Eingeengte dagegen ist nichts als Leiden, Trübsal und Tränen.

Die Sinneskraft, durch die das Sorgenfeld erschaffen wurde, hält dieses auch willentlich zusammen und bewirtschaftet es mit negativen Gedanken. Dieses Feld, das sich durch Ereignisse und Erfahrungen gebildet und über dir zusammengezogen hat, gehört jedoch nicht dir, denn dieses Feld bist du nicht und warst du nie! Es existiert bloß als etwas nicht Erwünschtes, das sich deinem Leben vorübergehend hinzugefügt hat. Dieses Sorgenfeld ist wie ein schwerer Schatten, der dein Herz betrübt, aber dein Herz *nie* ist. Du warst schon da, bevor der Schatten da war, und du wirst auch hier sein, wenn sich der Schatten wieder aufgelöst hat.

Was so kommt, kann sich jederzeit wieder auflösen, so wie die Sonne Schatten auflöst. So gesehen, lebst du hinter den Schattensorgen und kannst sie innerlich als etwas beobachten, das sich außen vor dir befindet so wie Wolken vor der Sonne. Wie du von diesem inneren Ort in dir nach draußen auf dein eigenes Leben und seine Abläufe schaust, ist maßgebend, denn so, wie du die Welt siehst, so sieht die Welt dich. Wenn sich dein Leben klärt, dann siehst du die Welt mit sanften und liebevollen Augen. So wie du denkst und dich fühlst, so ist dein Dasein. Wenn du dich in negative Gedankengruppen verstrickst und diese ständig mit Wut- oder Enttäuschungsenergien auflädst, dann ist dein Leben ein Wut- und

Enttäuschungsleben. So wirst du auch von den anderen Menschen wahrgenommen und empfunden. Diese unguten Energien strahlen von dir aus und beeinflussen auch das Umfeld, in dem du lebst.

Deine Sorgen breiten sich wie ein Panorama in der Außenwelt aus, und sie finden sich genau dort wieder, wo die Konflikte entstehen. Die Konfliktherde, die dich bedrücken, befinden sich aber in deiner Innenwelt, obwohl du davon überzeugt bist, alles in der Außenwelt zu erleben. Die Außenwelt ist wie ein Echo, eine Spiegelung der Innenwelt, deshalb braucht man ein neues und tieferes Verständnis seiner eigenen Lebenssituation. Es gibt keine äußeren Lösungen, nur äußere Verwirrung, die in der Innenwelt empfunden und erlebt wird. Das Problem wie auch die Lösung bist du selbst!

Jeder Tag hat seine Größe und bietet unendlich viele Möglichkeiten. Jeder Tag ist ein Geschenk. Kein Tag sollte mit unnützen Gedanken, Worten und Handlungen vergeudet werden.

Nicht die anderen

Schuld sind gewiss nicht immer nur die anderen, obwohl du das vielleicht gerne so sehen möchtest. Welchen Stürmen willst du ausweichen, wenn du glaubst, immer im Recht zu sein? Die Entwicklung der eigenen egoistischen Verhaltensmuster muss nüchtern und ohne große Tragik betrachtet und analysiert werden. Wegschauen gilt nicht, wenn du deine Sorgen wirklich überwinden willst.

Selbstmitleid, Trauer und Frustration sind hemmende Kräfte, sie verhindern die Bereitschaft, objektiv die eigenen Verhärtungen und Unzulänglichkeiten anzuschauen. Fürchte dich nicht, sei mutig und glaube an dich selbst! Diese Worte dürfen jedoch nicht als Gedankenspielerei aufgefasst werden, sondern als ein Weckruf, als eine Aufforderung an dich, selbst aktiv zu werden. Sei bereit und fest entschlossen, Sorgen und Probleme an ihren Wurzeln zu klären. Wenn nicht jetzt, wann dann? Jede Verzögerungstaktik schwächt dich.

Es geht nicht darum, in den Krieg zu ziehen, um eine Schlacht zu gewinnen, sondern um eine tiefe Klärung in dir. Sei geduldig, sei beharrlich, gib nie auf, bis Ungeklärtes endgültig geklärt ist. Ungeklärtes ist wie ein dicker Panzer, der sich um das Herz legt. Kitzelt man eine Schildkröte am Hals, zieht sie sich sogleich in ihren Panzer zurück, und außer dem Panzer sieht man nichts mehr.

Sei nicht so, schlüpfe aus deinem Panzer. Auch wenn dich das Leben manchmal arg kitzelt, ziehe dich nicht mehr zurück. Sage Ja zum Leben, damit das Leben auch Ja zu dir sagen kann!

Wenn du dir selbst nichts zumutest, bist du auch für die Mitmenschen nicht zumutbar.

Im Menschen scheint es eine Art unsichtbaren Sorgenkatalog zu geben, in dem er beliebig herumblättern kann. Auf jeder Seite sieht er Situationen oder Menschen, mit denen er im Konflikt ist.

Schuld am Ganzen sind ja generell immer die anderen, sie sind verantwortlich für die verschiedenen unerwünschten und unguten Lebenssituationen, die aufs Gemüt drücken. Ja, wenn es nur diese anderen nicht gäbe! Aber eben, andere gibt es immer, und für diese anderen bist ja auch du immer der oder die andere.

Viele zwischenmenschliche Konflikte sind erotisch besetzt, geladen mit triebgebundenen Urinstinkten. Konflikte werden immer wieder hochgekocht, und das Unbehagen, das aus gewissen Situationen entsteht, macht den Menschen hilflos und traurig, denn in diesen Momenten gewahrt er tief seine Verletzlichkeit.

Das äußere Problem, das Sorgen bereitet, ist erkannt, doch das innere Problem, nämlich der Ort, wo Sorgen entstehen und verarbeitet werden, dieser innere Ort wird nicht wirklich beachtet und analysiert.

Der Fokus ist vor allem auf die anderen gerichtet, auf die Verursacher, die Schuldigen. Von seinem eigenen Standpunkt aus gesehen, fühlt sich der Mensch immer im Recht, und er kann überhaupt nicht verstehen, dass die anderen die Welt nicht so sehen, empfinden und erleben wie er. Dieser enge Platz, auf dem der Geist herumirrt, lässt wenig Raum für Selbsterkenntnis, für Selbst-Kenntnis. Der Mensch ist heutzutage eher geneigt, eine Pille zu schlucken, die ihn chemisch beruhigt und ihm hilft, über seine inneren Wunden und Unebenheiten hinwegzuschauen, oder er verliert sich in übermäßigem Alkohol- oder Drogenkonsum. Diese Flucht vor sich selbst kann langfristig keine Lösung sein.

Also drängt sich hier folgende Frage auf: Bist du wirklich bereit, in eine tiefere Betrachtung deines

Lebens einzudringen und schonungslos die eigenen Schwächen, Unklarheiten, Lieblosigkeiten und zerfahrenen Verhaltensmuster aufzudecken? Solange du in einer Opferrolle lebst und im Selbstmitleid badest, wird jegliche objektive Betrachtung geschwächt und diffus, denn das Problem an sich sind eigentlich nicht die anderen, sondern du selbst!

Verschließe dich nicht, nur weil du vermutlich nicht wahrhaben willst, dass du selbst das Problem bist. Lasse diese Aussage zu, lasse sie durch die vielen Schichten deiner Enttäuschungen, Frustrationen und Ängste hindurchsickern.

Es geht hier nicht um die Suche oder die Bestimmung eines Schuldigen oder um eine Schuldzuweisung, sondern um einen anderen Blickwinkel auf gewisse Situationen und Begebenheiten. Das Gerade in sich zu entdecken und sich nach dem Geraden auszurichten, ermöglicht, das Verkrümmte geradezubiegen.

Die Aussage, dass jeder für sein Leben verantwortlich ist, sollte man als spannende Herausforderung sehen, als eine Herausforderung, die man annimmt und auf die man sich einlässt. Um zu lernen, sich selbst auf tieferen Ebenen zu verstehen und zu kennen, muss man das oberflächliche Gedankenfeld durchschauen und überschreiten, vor allem die Tendenz, auf schwierige

Situationen immer ähnlich oder gleich zu reagieren.

Nur den theoretischen Hintergrund eines Umstandes zu betrachten, reicht nicht, um den Ursprung eines Problems, das große Sorgen bereitet, in der Tiefe sehen und analysieren zu können.

Die eigene Realität überschneidet sich ständig mit den Realitäten der anderen, was natürlich unaufhörlich Konfliktsituationen herbeiführt. Der Mensch ist generell von sich selbst überzeugt und daher auch sicher, dass er allein recht habe und die anderen im Unrecht seien.

Recht zu haben und dieses für sich in Anspruch genommene Recht unter allen Umständen und mit allen zur Verfügung stehenden Mitteln durchzusetzen, diese rechthaberische Machtdemonstration schenkt dem Menschen scheinbar eine Art Lustgewinn und Zufriedenheit. Er genießt solche Momente der Machtausübung. Er fühlt sich als Sieger, als Gewinner, auch wenn dieses Recht unter Umständen nichts anderes als ausgeübtes Unrecht ist, unter dem die anderen Menschen leiden. Und auch wenn er vielleicht dieses Unrechts in seinem Innersten gewahr ist, blendet er diese Tatsache aus und handelt instinktiv, territorial und rücksichtslos.

Dieses sonderbare egozentrische Verhalten,

dieser eigenartige gefühllose Umgang mit anderen Menschen und auch das merkwürdige Verständnis, das der Mensch von sich selbst und seinem eigenen Leben hat, dieses gestörte Verhalten scheint zur kollektiven Weltstruktur zu gehören, in der sich die Menschen verfangen haben.

Rücksichtslosigkeit gegenüber Mitmenschen und anderen Lebewesen ist eine eigenartige, pervertierte Art zu leben. Die anderen Menschen werden als Dominosteine betrachtet, die man beliebig hin und her schieben kann, und so werden sie auch behandelt.

Wem der Sinn für Gerechtigkeit und Güte abhandengekommen ist, wandert in der Dunkelheit, auf Wegen, die ins Verderben führen. Gerechtigkeit und Güte bedeuten keine Last für den Menschen, Menschlichkeit und Weisheit zeichnen ihn vielmehr aus. Wer weise ist, liebt und genießt Bescheidenheit, und er weiß sich reich beschenkt von der Fülle, die in wahrer Bescheidenheit vorhanden ist.

Mir geht es gut

»Hauptsache, mir geht es gut, Hauptsache, ich bin glücklich. Die Bedürfnisse und das Leiden der anderen sind mir mehr oder weniger egal«, so denken wir meistens. Diese Denkweise und das sich daraus ergebende Verhalten sind als schlimme menschliche Deformation zu betrachten, die nichts als Schaden anrichtet. Ein solches Verständnis vom Leben, eine solche Einstellung zum Leben ist katastrophal.

Es ist eine Abkehr, ein Sichentfernen von der Liebe und ihren unermesslichen Möglichkeiten. Liebe ist, wie wir bereits wissen, nichts Religiöses und hat auch nichts mit den diffusen Gefühlen zu tun, die man in den zwischenmenschlichen Beziehungen kennt und erlebt.

Liebe macht man auch nicht, Liebe ist das, was man im Innersten wirklich ist. Wahre Liebe kann nicht etwas sein, das mal mehr oder mal weniger ist oder je nach Situation gelegentlich wieder ganz verschwindet.

Liebe ist eine enorme Kraft. Sie verleiht dem

Menschen Flügel. Eine gigantische Energie, die sich aber erst dann wirklich offenbaren kann, wenn rücksichtsloses, egoistisches und territoriales Verhalten aus dem Menschen verschwunden ist. Diese Liebeskraft tilgt Erdgebundenheit und macht die Seele leicht. Sie macht den Menschen geschmeidig, und sie ermöglicht es ihm, die großen Rätsel des menschlichen Daseins zu lösen. Liebe macht den Menschen wahrlich menschlich, macht ihn zu einer leuchtenden Perle für die Gesellschaft. Liebe ist nichts Besonderes oder Exklusives, Liebe ist die eigentliche Lebenstiefe jedes Lebewesens. Äußere und innere Verrohung sind der Schattenwurf eines falsch verstandenen und falsch gelebten eingeengten Lebens. Einsamkeit, Unzufriedenheit und innere Leere zeugen davon.

Hilfe und Unterstützung für andere (vor allem finanzielle) wird häufig nur noch als philanthropisches Alibi gebraucht, um den eigenen Egoismus oder das schlechte Gewissen besser verbergen zu können. Gerade in der heutigen Zeit scheint es ein trendiges Verhalten zu sein, sich als Wohltäter aufzuspielen, um von der Gesellschaft als großzügiger Gutmensch gesehen und anerkannt zu werden. Es gibt viele Vereinigungen, Unternehmen und auch Einzelpersonen, die darauf versessen sind, für jede Spende, für jeden wohltätigen Akt, mit Name und Foto in Zeitungen oder wenn möglich im Fernsehen zu erscheinen. Jeder soll wissen, dass sie spenden und deshalb gute Menschen sind.

Hilfe aus einer solchen Gesinnung heraus hat ihre Tücken, da der wohltätige Akt nicht wirklich aus einem rein ethischen Verständnis geschieht, sondern eher aus einer kalkulierten Reflexion mit der subtilen Erwartungshaltung nach einer Belohnung. Dieses Krämerbewusstsein, etwas zu geben und dafür etwas zurückzuerhalten, bildet eine Eigenart der menschlichen Gattung.

Wenn das Schenken nicht aus reinem Herzen kommt, dann ist die Frucht auch nicht wirklich gut, sie hat einen faulen Beigeschmack. Der Geist, der in der Liebe wohnt, schenkt gute und schmackhafte Früchte, denn der Geist der Liebe ist frei von Krämerbewusstsein. Liebe ist freigebig, ohne sich dessen bewusst zu sein. Der Hunger nach Anerkennung und Erwartungen verdirbt die Gabe!

Gewiss, es geht hier nicht nur um das Verschieben von materiellen Gütern, sondern vielmehr um die Betrachtung und das Verständnis der eigenen Verhaltensmuster. Unter welchen Bedingungen und Voraussetzungen ist man bereit, anderen zu geben? Erhofft man rückwirkend etwas für sich, für seine Gabe? Wem ist man bereit, zu geben, und wem nicht? Steigt das Ansehen, wenn man gibt? Um geben zu können oder nichts zu geben, dazu braucht es die anderen. Es sind genau diese anderen, die es uns ermöglichen, über unser eigenes Verhalten und über die Art, wie wir in der Gesellschaft und in den zwischenmenschlichen Beziehungen funktionieren, nachzudenken. Die Bedeutung und die Motivation des eigenen Denkens und Handelns bewusst und nüchtern zu beobachten, eröffnet und ermöglicht uns ein tieferes Erkennen und Verstehen unserer selbst.

Es gibt nie äußere Lösungen, nie ein äußeres Verständnis für das äußere Verhalten und für die äußeren Probleme, denn alle Abläufe finden ausschließlich in der Innenwelt, in der Psyche, im Bewusstsein des Menschen, statt.

Eigenes ungutes Verhalten sollte man nicht rechtfertigen oder abzuschwächen versuchen, sonst umgeht man die Möglichkeit, den Ausgangspunkt seiner eigenen Probleme und Sorgen wirklich im Kern zu erkennen, zu verstehen und zu durchschauen.

Ein Problem entsteht durch einen oder mehrere spezifische Akte, und dieses Übel ist ein Ding, per Definition ein übles Ding, denn schöne Probleme und schöne Sorgen gibt es nicht. Dieses üble Ding will beruhigt werden, denn der Aufruhr, den es ins Leben gebracht hat, hat das Alltagsgeschehen arg durcheinandergebracht. Dieses Ding ist meistens mit anderen Menschen verknüpft, und das macht das Ganze gewiss nicht einfacher.

Dieses Ding ist ein Überbau, etwas Hinzugefügtes, dessen fiktives Innenleben verstanden und durchschaut werden muss. In welchem Verhältnis stehst du zu diesem Ding, welche Umstände sind es, dass du ihm so viel Kraft und Wirklichkeit zugestehst? Welche Gedanken laden es ständig und immer wieder von Neuem auf? Dieses Ding, diese Problemkonstruktion, kann ja nicht du sein, sonst könntest du sie ja nicht analysieren. Es muss zuerst etwas da sein, damit über das andere nachgedacht werden kann: das Subjekt und das Objekt, Ich und das, Ich und das andere.

Die zwingende Wirklichkeit, die man den Sorgen beimisst, verdichtet die Schwierigkeiten und erschafft eine unsichtbare Gefolgschaft von schweren und dunklen Gedanken, die man eigentlich gar nicht denken möchte oder müsste. Die Unordnung, die von unnötige Gedanken geschaffen wird, gilt es zu beenden. Dies bedeutet einen entscheidenden Schritt zurück in die Ordnung. Wichtig ist, dass man seine Gedanken ordnet und fokussiert einsetzt – das ist jedem Menschen möglich!

Die anderen existieren eigentlich nur in und durch deine eigenen Gedanken und Gefühle, und die anderen sind nicht grundsätzlich gut oder böse. Erst deine Gedanken machen sie zu dem, wofür du sie hältst. So wie du denkst, erlebst du die Menschen in dir. Pflege deine Innenwelt und achte auf deine Gedanken. Achte darauf, wie du über dich und andere denkst. Lerne deine Gedankenkraft besser kennen, und sei gewahr, welche Gedanken du aussendest. Gedanken sind zielgerichtet und erfüllen genau das, wofür sie ausgesandt wurden. Lausche den Tönen deiner Gedanken, die sich in Formen und Gefühlen äußern. Achte ebenfalls auf die Gedanken, die im Verborgenen bleiben, und auf jene, die du in Worte kleidest.

Wer Gedanken mit Liebe durchdringt, weicht nicht ab. Liebe ist eine ordnende Kraft, die Hindernisse und Schwierigkeiten zu überwinden vermag. Liebe muss man nicht lernen. Liebe muss man nur zulassen, man muss ihr Platz schaffen, damit sie sein kann.

Die Angst vor der Angst

Die meisten Probleme entstehen durch Kommunikationsschwierigkeiten und durch die Abhängigkeit von vielen verschiedenen Bedürfnissen, Ängsten und Sehnsüchten. Dadurch verschiebt sich das menschliche Leben in sehr unterschiedliche Richtungen, und dieses verzettelte und zerstückelte Dasein macht das Leben brüchig und in vielen Belangen auch widersprüchlich.

Jeder Mensch stellt Ansprüche an sich selbst und ebenfalls an andere – eine Vielzahl verschiedenster Ansprüche und Vorstellungen, die jedoch kaum alle mit denen seiner Mitmenschen übereinstimmen können. Durch diese Diskrepanzen entstehen für den Einzelnen wie auch für die anderen Menschen Verunsicherungen und diffuse Ängste.

Man ist eigentlich gar nicht sicher, ob man überhaupt diesen vielen Ansprüchen und Anforderungen des Alltags gewachsen ist und ob man sie erfüllen kann. Aus solchen Gedanken und Verunsicherungen entwickeln sich schleichende

Ängste und Sorgen. Es entsteht die Angst vor der Angst.

Man möchte zwar immer voll und ganz in alle Erfahrungen eindringen, denn der zu erwartende Lustgewinn ist stets verlockend. Gleichzeitig fürchtet man sich vor unvorhersehbaren Konsequenzen. Einerseits ist da Vernunft, andererseits diese unterschwellige Angst, die dem Menschen viel von seiner Spontaneität und Originalität raubt.

Der Mensch ist ein ambivalentes Wesen, immer hin und her gerissen zwischen Sicherheitsdenken und Risiko. Sicherheit findet er unter anderem in moralischen Geboten und religiösen Symbolen, die zwar seine Sorgen, Ängste und Verunsicherungen zu dämpfen vermögen, sie aber tief in seiner Seele nicht wirklich erlösen.

Grundsätzlich schafft jede tief erlebte Erfahrung eine neue Orientierung, die jeweils zu einem bestimmenden Faktor des eigenen Lebensweges wird. Die dazugehörigen Gedankengruppen lenken den Menschen innerhalb der von der Gesellschaft festgelegten moralischen und ethischen Grenzen durch den Alltag. In Abhängigkeit von den einmal gemachten Erfahrungen erscheint der Alltag manchmal hell und manchmal eher düster.

Es findet eine Entwicklung statt, aber wer bestimmt eigentlich die Richtung? Einen Teil dieser

Entwicklung scheint man beeinflussen zu können, einen anderen jedoch nicht. Diesen zweiten Teil nennt man dann Schicksal, und dabei hat man das tiefe Empfinden, diesem schutzlos ausgeliefert zu sein, individuell wie auch kollektiv. Diese permanente schicksalsgesteuerte Ungewissheit verunsichert den Menschen und macht ihm unterschwellig auch Angst, denn er weiß nie, was alles noch auf ihn zukommen wird. Er hat Angst vor der Angst und macht sich Sorgen. Die Grenzen des Realen und Irrealen scheinen sich an dieser nicht überschaubaren Grenze zu vermischen.

Alle Entscheidungen, die man fällt, sind immer auf das Später, auf das Morgen ausgerichtet, und man kann die Tragweite eines einmal gefassten Entschlusses nie wirklich abschätzen und kennen, auch wenn man mithilfe des Entschlusses auf der realen Seite des Lebens Ordnung schafft.

Etwas, vor dem man sich nie fürchten sollte, sind Entscheidungen. Auch Fehlentscheide und Fehlleistungen können durchaus wertvoll sein und dem Lebensweg wertvolle, neue, frische und überraschende Impulse schenken. Zögern, Zweifeln und die ständige Angst, etwas falsch zu machen, blockieren den Fluss des Lebens. Deshalb ist es besser, aktiv als inaktiv zu sein. Inaktivität ist die Nahrung der Trägheit, und Trägheit nur ein anderes Wort für Stagnation.

Solange man das eigene innere Lebensfeld nicht ständig aktiv von schlechten Gedanken und Gefühlen klärt, bleibt man in trüben, melancholischen oder auch aggressiven Zuständen stecken. Wer in Sorgen und Ängsten lebt und sich fürchtet, verzwickte Situationen zu klären, bleibt in diesen Schwierigkeiten stecken. Wer allen Konflikten und Problemen ausweicht, wird innerlich und auch äußerlich geschwächt – und bleibt geschwächt.

Dort, wo es brennt und schmerzt, verkrieche dich nicht, bleibe standhaft an vorderster Front. Unangenehme Situationen werden durch Inaktivität nicht angenehmer. Deshalb sage Ja zum Leben, und stelle dich den Herausforderungen.

Warte nicht! Es geht ja nicht darum, einen Krieg zu gewinnen, sondern lediglich darum, dass Angestautes und Verstocktes in dir wieder fließen kann. Fließen ist der natürliche Treibstoff des Lebens. Was stockt und staut, wirkt hemmend und trennend.

Wichtig ist, dass man bei der Klärung von Situationen niemanden bewusst oder aktiv zu verletzen oder zu schädigen versucht, auch dann nicht, wenn man selbst geschädigt oder verletzt worden ist. Gewiss, das ist nicht immer einfach, aber unentbehrlich, wenn man sich aus alten Geschichten befreien will!

Klärung bedeutet nicht primär, zu bestimmen,

wer Recht und wer Unrecht hat. Menschen einzig als Träger seiner Sorgen und Probleme zu sehen, diese Art des Sehens und Verstehen ist sicher falsch. Dadurch verbaut man sich die Möglichkeit für eine klare Selbstbetrachtung. Eine Analyse seiner eigenen Sorgen, ohne Anschuldigungen und Beschuldigungen anderer oder seiner selbst bringt Licht und Klarheit in das eigentliche Problem.

Frustrierte und getrübte Gedanken haben in ihrer Geschäftigkeit vor allem ein Ziel, Schuldige für die eigene ungute Situation zu suchen, Schuldige für seine Sorgen. In der Tat, dieses eigenwillige realitätsfremde Verhaltensmuster sollte man sich klar vor Augen führen, um seine eigene Funktionalität und ihre Problematik entlarven zu können.

Schuldzuweisungen sind wie Fluchtpunkte, die es ermöglichen, die Eigenverantwortung abzulehnen und auf andere zu übertragen. Gerade dieses Abkoppeln verdichtet die Sorgenstrukturen, verlangsamt die Möglichkeiten einer wirklichen Klärung und nährt die Angst vor der Angst. Selbstenthüllung beinhaltet unter Umständen auch einen schmerzhaften Prozess, den man am liebsten umgehen würde. Jede Selbstbetrachtung und Selbstanalyse führt in eine innere Dunkelkammer, die angefüllt ist mit Ängsten, Zweifeln und Verunsicherungen. Wegschauen scheint meist einfacher und bequemer zu sein, als konsequent hinzuschauen. Doch wer nicht hinschaut, bleibt in den alten Sorgenstrukturen gefangen.

Gewiss, das Leben ist nicht immer einfach – aber es ist beunruhigend spannend. Das Verhältnis zu sich selbst und zu den anderen Menschen sollte immer klar sein. Es ist ratsam, Unklarheiten so rasch wie möglich zu klären, denn je weniger Ballast man mit sich herumträgt, desto einfacher und unbeschwerter ist das Leben. Die alten Ketten abzulegen bedeutet, frei zu sein von der Sklaverei der eigenen Sorgen und Ängste. Doch solange man den Mitmenschen nicht die gleiche Freiheit zugesteht und ermöglicht, ist das, was man als eigene Freiheit zu haben glaubt, nichts als eine Illusion.

Wahre Freiheit ist nicht der Gegenpol von Unfreiheit, wahre Freiheit ist wahre Menschlichkeit. Menschlichkeit bedeutet eine gute Freundschaft mit sich selbst, und diese ermöglicht tiefe, klare und ehrliche Freundschaften mit den Mitmenschen und allen Lebewesen!

Hinsehen ist also unumgänglich und was damit gemeint ist, lässt sich an einem Beispiel vielleicht besser erklären: Man schaut in einen Spiegel und sieht in diesem Spiegel nichts außer sich selbst. Es existieren Millionen Spiegel, große, kleine, in verschiedensten Formen, in die Millionen Menschen schauen, und jeder sieht in seinem Spiegel nichts anderes als sich selbst.

Alle Spiegel tun nichts anderes als zu spiegeln, doch sie sind sich der Spiegelbilder, die sie wiedergeben, nicht bewusst. Spiegel sind von den Gesichtern, die in sie hineinschauen und sich in ihnen spiegeln, weder beeinflusst noch berührt. Diese Analogie bringt uns zu einem tieferen Verständnis unserer Innen- und Außenwelt, die sich durch die Sinne im Bewusstsein spiegelt.

Bewusstsein ist die Grundlage für alles, was in der Welt erscheint und durch die Sinne wahrnehmbar und erlebbar ist. Durch Manifestation ist sich das Bewusstsein als Bewusstsein bewusst. Bewusstsein ist die Welt, die Welt ist Bewusstsein, ohne Bewusstsein gäbe es keine Welt.

Doch die Spiegelungen, das heißt die Bewegungen, Aktivitäten und Abläufe der Menschen, beeinflussen und berühren das Bewusstsein nie. Bewusstsein ermöglicht Manifestation, ist aber unberührt vom Manifestierten, so wie der Spiegel vom Spiegelbild unbeeinflusst ist.

Menschen interessieren sich vor allem für ihr eigenes Spiegelbild und denken kaum über das nach, was sie spiegelt. Der Spiegel kann nicht das sein, was sich in ihm spiegelt. Spiegelbilder verändern sich, der Spiegel bleibt stets unverändert und immer derselbe.

Betrachtest du deine Sorgen und Probleme in diesem Licht und Verständnis, dann ändert sich auch der Blickwinkel auf deine Probleme und Sorgen. Etwas in dir existiert, das frei und unberührt von Sorgen und Problemen ist. Das gilt es zu ent-decken. Ein wirklich waches und bewusstes Eindringen und Durchdringen deiner gerade anstehenden Schwierigkeiten bleibt dann gewiss nicht in einem oberflächlichen Beschreiben und Verstehen stecken. Oberflächliches Verständnis und oberflächliche Lösungen sind unnütz und wertlos.

Sinke bewusst in andere, in tiefere Schichten deines eigenen Seins ein, dorthin, wo nie eine Destabilisierung möglich war. Sei in Einklang mit dir selbst, du hast das Recht, glücklich zu sein. Leid und Mühsal verschwinden, wenn du in deinem Leben Klarheit schaffst und aufhörst, Unklarheit zu säen. Das Leben ist wie ein Traum, der dir durch die Geburt deines Körpers zuteilwurde. Erfülle diesen Traum mit Schönheit und Kraft, denn ein Traum ist nicht nichts, er ist substanziell etwas.

Die gesellschaftliche Struktur, in der der Mensch tagtäglich lebt und funktioniert, verlangt ihm in der heutigen Zeit viel ab. Der zunehmende Druck ist für die psychische Verfassung zeitweise unerträglich und grenzwertig. Immer mehr Menschen leiden unter einem Burn-out-Syndrom und fallen aus dem geregelten Alltag unserer Gesellschaft.

Eine um sich greifende Verunsicherung schafft große Ängste. Die Bewegungen und Abläufe der konditionierten verängstigten Gedankengruppen stammen aus den individuellen und kollektiven Erfahrungen. Je nach Gemütslage des Menschen entwerfen sie von Moment zu Moment den eigenen Lebensweg neu. Diese launischen Schwankungen, die in den sich ständig verändernden Gemütslagen zum Ausdruck kommen, machen das Leben für den Menschen manchmal ungenießbar und unberechenbar.

In den praktischen Fragen des Lebens und im Umgang mit den Mitmenschen ist der Mensch vor allem eines, ein egoistischer Stratege. Da scheint ein biologischer Überlebenstrieb zu wirken, dessen Ursprung wohl Existenzangst ist. Diese prägende Kraft, dieses eingefrorene seltsame Verhaltensmuster, hat verheerende Auswirkungen auf die psychische Verfassung des Menschen. Sie macht ihn lieblos und skrupellos.

Das Denken, das sich selbst als höchste Instanz in der Welt versteht und erlebt, bewegt sich vor allem innerhalb der von der Gesellschaft festgelegten und regulierten Bahnen, die es sich jedoch selbst ausgedacht hat. Das Denken lebt und funktioniert lediglich in seinen eigenen Denkmodellen und Strukturen. Es analysiert sich selbst beziehungsweise seine erdachten Objekte und psychologischen Verstrickungen, letztendlich auch seine von ihm produzierten Sorgen und Probleme. Das Denken denkt sich selbst, und es denkt sich auch Lösungen für die Schwierigkeiten und Störungen aus, die es selbst erschaffen hat.

Die wahre Fähigkeit zu analysieren geht jedoch von einem inneren, nicht definierbaren Ort oder Punkt aus, und diese Fähigkeit ist stets bestrebt, vernunftmäßig gewonnene Einsichten und Lösungen zu verarbeiten und diese dann in diesen inneren Ort einzufügen oder ihm hinzuzufügen. So gewinnt dieser innere Ort ständig an Kraft, Dichte und Überzeugung.

Denken ist Handeln, und die daraus hervorgehenden Resultate und damit verbundenen Gefühle empfindet und versteht der Mensch als real, als seine eigene Realität. Jeder Mensch lässt sich von seiner eigenen Realität leiten und mitreißen. Das eigentliche Problem dabei ist, dass die eigene Realität nie ganz kompatibel ist mit den Realitäten der anderen Menschen und dass jeder davon überzeugt ist, seine eigene Realität sei die einzige, die wahr und richtig ist! Die Norm der individuellen subjektiv empfundenen Realität stößt stets an Grenzen und Widerstände der unzähligen anderen Realitäten der Mitmenschen, deshalb ist das Zusammenleben der Menschen generell schwierig und konfliktbeladen.

Durch die Kraft des Geistes und durch die Kraft der Vernunft wird es möglich, Unebenheiten zu ebnen und vielleicht auch sich selbst nicht immer so ernst oder wichtig zu nehmen. Wandle dich mit dem sich Wandelnden, und stelle dem Wandel keine Widerstände oder unnötigen Hindernisse in den Weg. Das Leben meint es gut mit dir. Gewähre ihm einen offenen Raum, durch das es fließen und dich harmonisch leben lassen kann.

Suche stets nach Ausgleich und genieße Mäßigkeit. Wenn Gutes ausschweifend und übertrieben genossen wird, dann wird dieses Gute ungut und schlecht. Sei in Harmonie mit dir, und sei in Harmonie mit den Mitmenschen, dann wird alles gut!

Das territoriale Verhalten

Der Mensch prägt sein Leben mit unzähligen Gedanken und Konzepten, und er belebt und gestaltet es gemäß seinen eigenen Vorstellungen, seinem Wissen und seiner religiösen Weltanschauung. Diese Gestaltung und Prägung wird allerdings erst dann wirklich erfolgreich, wenn sich der Mensch in die festgelegten Normen der Gesellschaft einfügt und sich anpasst, was ihm jedoch eigentlich zuwider ist. Widerstände melden sich, der innere Rebell sträubt sich. Er fühlt sich wie eine unsichtbare Katze, die gegen das Fell gestreichelt wird.

Weil der Mensch generell die Tendenz hat, sich selbst wichtiger zu nehmen, als er in Wirklichkeit ist, richtet er mit diesem Verhalten viel Schaden an. Er möchte sich eigentlich nicht in festgelegte Bahnen einordnen, sondern frei sein. Deshalb sucht er ständig nach Strategien und Möglichkeiten, um auszubrechen. Das Gefühl, ausbrechen zu können, vermittelt ihm einerseits ein Lustempfinden und andererseits auch Frustgefühle. Warum? Weil diese angestrebte Freiheit letztlich ebenfalls von der herrschenden Gesellschaftsstruktur und ihren Gesetzen reguliert und bestimmt wird.

Grundsätzlich möchte der Mensch in seinem eigenen inneren und äußeren Lebensraum leben und diesen selbstbestimmt gestalten. Doch weil das eigentlich alle wollen, schafft dieser Wunsch unzählige Konflikte, Sorgen und Ängste. Diese wiederum bewirken, dass der Mensch, vor allem die männliche Spezies, von Natur aus extrem territorialbezogen ist. Dieser ausgeprägte Territorialinstinkt ist gewiss auch eine der Hauptursachen für die vielen zerstörerischen Kriege.

Für den Sieger bringt ein Sieg einen Lustgewinn. Das triumphale Siegesgefühl gibt ihm ein Empfinden von Überlegenheit, von Macht und Stärke. Als Siegertyp ist er zudem für das andere Geschlecht attraktiv, was ihn noch zusätzlich beflügelt.

Haargenau das gleiche Verhalten und Gebaren kann übrigens in der Tierwelt beobachtet werden, zum Beispiel bei Schimpansen. Dies erhärtet für manche die etwas lückenhafte wissenschaftliche These Darwins, dass der Mensch vom Affen abstammt. Gewiss, der Mensch hat sich durch die Jahrtausende in einem unglaublichen Ausmaß weiterentwickelt, doch bestimmte Verhaltensmuster haben sich kaum oder gar nicht verändert.

Dass der Mensch nicht wie viele andere

Lebewesen bereits ausgestorben ist und sich bis jetzt durchgesetzt hat, kann als Erfolgsgeschichte der Natur betrachtet werden. Viele Verhaltensmuster aus der Frühzeit sind gleich geblieben und haben sich genetisch vererbt. Mag sein, dass der Territorialinstinkt als Erfolgsrezept zum Überleben der Gattung beigetragen hat, doch ob dieses Modell im dritten Jahrtausend die Menschheit als Ganzes noch weiterbringt, ist fragwürdig. Das territoriale, protektionistische Verhalten scheint in der heutigen Zeit eher entwicklungshemmend zu sein.

Um das kollektive Sorgenfeld der Menschheit, das uns beeinflusst und bewegt, besser verstehen zu können, ist eine tiefe Analyse unseres eigenen Verhaltens notwendig. Die ständige Kampfbereitschaft, die Vorstellung und das Gefühl, sich ständig gegen alle und alles verteidigen zu müssen, schafft einen permanenten Stresszustand, in dem die meisten Menschen leben oder besser gesagt überleben. Dieses merkwürdige Verhalten spielt sich auch in Ehen und Lebensgemeinschaften ab.

Das kollektive Verhalten der Menschen in Bezug auf ihre zwanghafte Kampfbereitschaft – ständig auf der Lauer sein und unermüdlich sein Territorium verteidigen zu müssen –, deutet auf die unbewussten animalischen Anteile hin, die in uns aktiv sind. Durch die gesamte Evolution bis zum heutigen Tag hindurch hat sich an diesen prägenden Verhaltensmustern kaum etwas verändert. Unsere Instinkte und körperlichen Reaktionen werden unbewusst von diesem animalischen Verhaltenskodex gesteuert, was bei uns zu einem ausgeprägten Kampf- oder Fluchtverhalten geführt hat. Ein Teil der Menschen neigt eher zum Fluchttierreflex, der andere Teil eher zum Kampftierreflex. Beide Modelle sind im Menschen angelegt und können sowohl als auch in unterschiedlichen Situationen instinktiv in Aktion treten.

Zunehmend hört man die Klage: »Ich habe Stress, ich bin gestresst«, »Ich bin völlig erschöpft, ich kann nicht mehr und weiß nicht mehr weiter!« Der zunehmende Zeitdruck stellt ein ernsthaftes, krankmachendes Phänomen der heutigen Gesellschaft dar, ein Phänomen, das immer mehr Menschen Sorgen bereitet und sie krank macht. Viele suchen den Stresszustand mit der Einnahme von Medikamenten, Drogen oder übermäßigem Alkoholkonsum zu bewältigen, was jedoch nichts anderes bewirkt als eine Verschiebung und Verdrängung der eigentlichen Probleme. Welche gravierenden Folgen dieses Verhalten auf die Dauer auf die psychische und physische Gesundheit der Menschen und die gesamte Gesellschaft hat, sollte man nicht ignorieren. Immer mehr Menschen sind überfordert und gereizt. Dieses aggressive

Gesellschaftsphänomen, das die Menschen destabilisiert und krank macht, sollte ernst genommen werden, denn die Belastbarkeit des Menschen hat auch ihre Grenzen.

Verdrängung, Ausgrenzung und Mobbing sind Ausdrucksformen eines brutalen territorialen Verhaltens. Ein solches Verhalten ist menschenverachtend und menschenunwürdig. Es zerstört die Harmonie der Menschen und die Harmonie der Gesellschaft.

Sekundeneinbruch

Eine unerwartete schlimme Lebenssituation, ein Sekundeneinbruch in das alltägliche Leben, versetzt die psychische wie auch die physische Verfassung des Menschen von einem Moment zum anderen in höchste Alarmbereitschaft. Gleichzeitig geraten auch die gesamten animalischen Verhaltensmuster in einen erhöhten Spannungszustand. Das alles geschieht spontan, noch bevor das strategische Denken aktiv wird. In dieser lauernden Wachheit reagiert der Mensch instinktiv und unmittelbar. In diesen Momenten denkt er nicht in Kategorien wie »Richtig oder Falsch, Jetzt oder Später«, er handelt instinktiv und unmittelbar aus den animalischen Reflexen heraus.

Ein Beispiel: Ein Glas fällt vom Tisch. Ohne zu denken, greift man spontan und blitzschnell nach dem Objekt und fängt es im Flug auf. Damit verhindert man, dass es am Boden zerbricht und nicht mehr benutzt werden kann. In diesem Moment hatte man keine Zeit, vorher über seine Reaktion nachzudenken. Es gibt viele solche instinktive Reflexe, in denen der Mensch unmittelbar reagiert und agiert und erst danach in der Lage ist, über seine Reflexhandlung nachzudenken.

Kaum hat eine spezifische Information die Netzhaut des Auges erreicht, laufen im Hirn komplexe biochemische Prozesse ab, die den Menschen spontan zu verschiedensten Reaktionen und Handlungen drängen. Im Gehirn sind auch eine große Menge an Stress- und Notsituationen gespeichert, deshalb reagiert der Mensch oft automatisch und spontan. Manchmal reagiert er völlig unerwartet auf eine Situation und ist von seiner Spontaneität selbst überrascht. Manchmal agiert er allerdings auch falsch und unkorrekt, denn Spontaneität ist kein Garant für korrektes Handeln!

Auch die Notwendigkeit, sein Territorium zu verteidigen, ist solch ein Urinstinkt, der viele spontane Reflexe auslöst. Wenn jedoch einzig diese in hohem Maß aggressiven und unberechenbaren Reflexe das Verhalten der Menschen steuern, dann ist dies besorgniserregend, nicht nur für die Mitmenschen, sondern auch für die gesamte zukünftige Evolution der Menschheit.

Gewiss, es gibt weltweit ein Bestreben, dieses alte starre Verhalten aufzubrechen, doch es ganz abzulegen, weckt auch große Ängste und Verunsicherungen. Man fürchtet sich davor, seine Grenzen, die dem Selbstschutz dienen, aufzugeben. Eine tief sitzende Angst vor dem Ungewissen hemmt den Menschen und raubt ihm den Mut, sich in neue und frische Richtungen zu orientieren und den daraus entstehenden Wandlungsprozess positiv und voller Vertrauen anzunehmen. Der innere Mensch dagegen ist grenzenlos, er leidet nur unter seinen psychodynamischen Überlagerungen – seiner Begrenztheit –, die er sich selbst auferlegt hat.

Spirituell gesehen besteht die tiefe Zuversicht, dass sich das gesamte Weltendasein vereinheitlicht im Hier und Jetzt abspielt und in eine größere universelle Ordnung eingebettet ist, in die sich der Mensch durch Anpassung in jedem Moment einfügen kann. Sicher ist, wer sich dieser positiven Sicht zuwendet, erfährt im Alltag mehr Ruhe und Ausgeglichenheit und hat weniger Stress. Obwohl die Ressourcen des Glaubens auf die Glaubensmodelle beschränkt sind, sind sie erwiesenermaßen für den Menschen hilfreich.

Das ändert nichts an der Tatsache, dass kein einziger Gedanke und kein einziges religiöses Glaubensmodell die Transzendenz an sich sein kann. Transzendenz ist jenseits von Denken und

Glauben und weder ein Subjekt noch ein Objekt. Absolut niemand weiß, was Gott ist oder wie man zu ihm gelangt. Menschen und Glaubensmodelle verändern sich, Transzendenz nie.

Aus einem optimistisch gelebten Weltbild ergibt sich ein optimistisches Gemüt, dementsprechend wird auch der Alltag eines Menschen mit solchem Weltbild aussehen. Aus einem negativ gelebten Weltbild entsteht ein negativ geprägtes Gemüt, dementsprechend düster wird der Alltag dieses Menschen sein. Woran liegt es, dass die menschlichen Neigungen in solch unterschiedliche Richtungen führen können? Zum einen sind es sicher die unterschiedlichen Grundbedingungen, in denen der Einzelne lebt, und auch die Gelegenheiten, die sich auf seinem Lebensweg bieten. Zum anderen sind es manchmal zwingende Lebenssituationen, die gewollt oder ungewollt die Gangart und die Richtung des Lebens bestimmen.

Den Dreh- und Angelpunkt, um das Sorgenfeld zu durchbrechen, bildet zunächst die nüchterne Beobachtung des eigenen territorialen Verhaltens und die Bewusstmachung der Begrenztheit eines solch tierischen Verhaltens. Als Nächstes ist ein Umdenken erforderlich, das frei von chronischem Misstrauen, egoistischem Denken und ständiger Konfrontation ist und dem Menschen eine neue, nicht gierige Erlebniswelt mit neuen Möglichkeiten, neuen Denkangeboten und neuen Handlungsräumen eröffnet. Es gibt Grund zur Zuversicht, denn sobald man sich für neue Impulse öffnet, öffnen sich neue Räume und neue Perspektiven. Sorgen hat nur, wer sich nicht öffnet und sich nicht bewegt.

Der Mensch ist ein äußerst kreatives und intuitives Wesen. Setzt er diese Kreativität gezielt für seine Selbstbetrachtung, für seine Selbst-Entdeckung in seinen Lebenstiefen ein, kann er sich auf eine spannende Reise in seine Psyche begeben. Dort entdeckt er sein organisiertes, strukturiertes Weltbild, seine Lebensbiografie, die schlussendlich auch seine eigene territoriale Weltvorstellung darstellt.

Der Mensch an sich existiert in einer viel höheren Qualität, in einer Qualität, die viel umfassender ist als das, was er in seinem engstrukturierten Weltbild erlebt und zu sein glaubt. Es gibt einen großen Unterschied zwischen dem, was man weiß, und dem, was man zu wissen glaubt. Jeder Mensch ist zu viel mehr fähig, als er sich selbst zutraut, und gigantisch mehr, als er denkt.

Die Spurensuche zu sich selbst ist wirklich spannend. Es ist im wahrsten Sinne des Wortes eine *Ent*-deckungsreise ins innere unbegrenzte Universum.

Vieles lässt sich nicht mit Worten aussprechen, vieles nicht in Gedanken denken. Das Hiersein des Menschen in der Welt ist in ein großes behütendes Geheimnis eingebettet, die innere Kraft zeugt davon!

Verlieren und loslassen

Der Mensch wie auch das Tier fürchten sich permanent davor, etwas zu verlieren. Dieses unbewusste Verhaltensmuster zieht sich wie ein roter Faden durchs ganze Leben bis zum physischen Tod. An dieser Schwelle endet der Überlebenskampf aller Lebewesen. Man ist gezwungen, ob man das nun mag oder nicht, sein gesamtes bekanntes und vertrautes physisches Dasein abzugeben. Alles, was man sein Eigen nannte, inklusive des Körpers, verschwindet und mit ihm auch das Urbild, das man von der Welt in sich getragen hat.

Wie schlimm ist es eigentlich, etwas zu verlieren? Benötigen wir bestimmte Eigenschaften, um Verlust und Verlieren verkraften zu können? Verlieren betrifft und berührt vor allem die emotionale Seite des Menschen. Die Resonanz, die der Mensch im Inneren zu äußeren Objekten, zu Situationen und eigenen Vorstellungen fühlt und pflegt, bestimmt und prägt seinen gesamten emotionalen Gemütszustand. Die Angst, etwas zu verlieren, die Angst vor Verlust drängt den Menschen, stets nach Lösungen und Erklärungen für diese Angst zu suchen. Im Grunde ist diese Suche eine Suche nach einer eigenen Wahrheit, nach einem Verständnis für sich selbst.

Prinzipiell möchte *niemand* von uns *jemand* oder etwas verlieren. Diese Wunschkraft scheint in allen Menschen aktiv zu sein, sie hat ihren Ursprung im Sorgenfeld. Das Festhalten von Dingen und Objekten ist ja nur bedingt möglich, da Halten-Wollen und Nichts-Verlieren-Wollen einzig auf der Vorstellung, die man von Objekten und Dingen hat, basiert. Diese Vorstellung hat ihren Ursprung in einer unzuverlässigen Wahrnehmung und in der instabilen Wunschkraft.

Die Eigenschaften eines Wunsches und dessen subjektive Bedeutung werden vom Verstand einer Nützlichkeitsprüfung unterzogen und sobald die Analyse positiv ausfällt, wird der Menschen aktiv. Er wird alles daran geben, seine Wünsche umzusetzen, denn davon erhofft er sich Glück und Zufriedenheit. Das Problem dabei ist, dass der Wunsch an sich stets mit den Charaktereigenschaften des einzelnen Menschen verbunden ist und deshalb individuell ist. Da jeder Mensch verschieden ist, sind auch seine Wünsche und seine Wunschkraft, diese umzusetzen, verschieden. Wünsche sind oft mit Gier, Lust, Machtvorstellungen oder Enttäuschungen verbunden, daher sind sie auch oft infantil, irreal, brutal oder voller Sehnsucht.

Wir Menschen sind unserem eigenen Begehren ausgeliefert, und was wir begehren, ist am Ende auch das, was uns später Sorgen bereitet. Jedes Begehren hat seine eigene Form und Dynamik und seinen eigenen Charakter, und es wird vom Menschen als Realität empfunden, da es ja sein Begehren ist.

Das Denken schafft das Begehren, und denkt über das Begehrte nach. Das Denken schafft ihm einen Platz. Das Begehrte jedoch ist zum Verlieren verurteilt, denn was immer man glaubt zu besitzen, kann man von einem Moment zum anderen wieder verlieren. Der Mensch weiß das, doch er schaut über diese unangenehme Tatsache hinweg und verhält sich so, als könne er alles, was er begehrt und besitzt, über sein Grab hinaus mit sich nehmen.

Das Leben der meisten Menschen beschränkt sich auf Haben, Besitzen und das Verwalten von Gütern. Davon erhoffen sie sich ein reich erfülltes und sorgenfreies Leben. Um diese Geisteshaltung erfolgreich durchzusetzen zu können, ist die Willenskraft das beste Instrument und auch die beste Waffe. Eigentlich ist dieses Verhalten schwachsinnig. Der Mensch ist Knecht seines eigenen Begehrens, und er reagiert vor allem auf seine eigenen Schwächen, seine Gier und seine Ängste. Wenn die Sorgen und Probleme durch dieses sonderbare Verhalten übergroß werden, hofft manch einer, dass Gott seine Gebete erhöre und ihn aus der Schlinge ziehe. Selbst Gott wird so nach dem Nützlichkeitsprinzip instrumentalisiert.

Jeder Mensch verhält sich seinen ihm bekannten Lebensinhalten entsprechend. Aus denen heraus stellt er alle Fragen und erwartet auch dementsprechende Antworten. Die Spannkraft, die durch das Denken erzeugt wird, ist immer auf ein Etwas ausgerichtet, und dieses Etwas verändert und vermehrt sich von der Kindheit bis zum Erwachsensein vehement, gemäß den immer grösser werdenden Bedürfnissen.

In den Lebensperspektiven ist Verlieren jedoch nicht vorgesehen. Verlieren wird als Unvollkommenheit, als Minderung des Status quo angesehen. Man will alles andere, nur nicht als Verlierer dastehen.

Jeder Einzelne lebt in den Widersprüchen, die aus seinen subjektiven Lebensinhalten und Bezugspunkten zu erklären sind. Der gesellschaftliche Druck und die eigene Eitelkeit spielen eine große Rolle. Das geistige Material des Einzelnen und seine Bezugssysteme in der Gesellschaftsstruktur sind meistens von egoistischen Motiven geprägt. Sehr oft legt das berechnende Denken dabei eine erschreckend strategische, kompromisslose Härte an den Tag, was Brandherde entfacht und Sorgenfelder produziert. Die unangenehmen Stimmungen und Spannungen, die so erzeugt werden, schaden am Ende allen Beteiligten. Auch hier bei diesem merkwürdigen Verhalten geht es letztlich nur darum, zu gewinnen und ja nicht zu verlieren. Der Mensch ist in seiner Funktionalität ein eigenartiges Wesen. Seine Angst vor Verlust ist übermächtig in sein Bewusstsein eingeprägt.

Der Mensch sollte vor allem seine Menschlichkeit nie vergessen, denn es sind Menschlichkeit und Güte, die ihn als Menschen auszeichnen, und nicht die von ihm erworbenen und angeeigneten Güter.

Durch die gesamte Evolution war der Mensch immer großen Gefahren und Ängsten ausgesetzt, ein kleiner Fehler reichte, und er war tot. Er musste immer um sein Überleben kämpfen, und das ist bis zum heutigen Tag nicht anders, obwohl die Bedingungen und Herausforderungen von vor zwanzigtausend Jahren mit denjenigen von heute sicher nicht vergleichbar sind.

Auf Verlust reagiert der einzelne Mensch emotional sehr unterschiedlich. Er reagiert allerdings stärker auf einen Verlust als auf einen Gewinn. Ein Beispiel: Wenn ein Mensch die Liebe eines anderen Menschen gewinnen kann, erlebt er emotional ein Hochgefühl, er ist im siebten Himmel, wie man so schön sagt. Wenn aber derselbe Mensch, dessen Liebe man gewonnen hat, sich plötzlich aus der Partnerschaft verabschiedet, dann reagiert der Verlassene emotional viel stärker auf den Verlust als vorher auf den Gewinn.

Die menschlichen Gefühlslagen sind also sehr unterschiedlich beim Erhalten von etwas oder beim Verlieren von etwas. Die Angst, etwas zu verlieren, ist emotional stärker besetzt als die Freude an einem Gewinn.

Man macht sich Sorgen, etwas zu verlieren, oder sorgt sich um etwas, das man verloren hat. Man macht sich jedoch kaum Sorgen über etwas, das man gewonnen hat. Eigenartig, dass das Negative im Menschen stärker wirkt als das Positive! Die fundamentale Spannung, die als Negativität im Menschen angesiedelt ist, ist erstaunlich kraftvoll.

Diese Kraft macht das emotionale Leben zuweilen kompliziert und schwierig. Ungute Stimmungen und Unbehagen zwingen den Menschen, aktiv zu werden, etwas zu unternehmen, denn er wünscht sich behagliche und gute Gefühle und gute Stimmungen. Das ist ein normaler menschlicher Vorgang, denn niemand liebt es zu leiden.

Wie ist dies zu bewerkstelligen, wie kann sich ein fundamentaler Wechsel vollziehen? Sicher nicht im Außen! Schlüpfe aus deiner alten Haut, lasse das alte einengende Denken hinter dir, und denke nie, das kann ich nicht oder ich weiß nicht wie. Das sind faule kindische Ausreden, akzeptiere sie nicht.

Die Besteigung eines Bergs beginnt immer mit dem ersten bewussten Schritt. Wache über dein Dasein, denn es ist kostbar. Deine innere Kraft entsteht aus bewusstem Wachsein!

Die andere Schau der Dinge

Schauen besitzt eine eigene Tiefe, in der auch die sprühende Lebensfreude wohnt, die jeden Winkel des Daseins durchglüht. Natürlich geht es hier nicht um eine oberflächliche Fröhlichkeit oder um ein Hinwegschauen über die großen Dramen und Schwierigkeiten, mit denen die Welt täglich konfrontiert ist. Doch ist es mehr als nur problematisch, wenn der Mensch sein Leben einzig an den Kriterien von Gelingen und Misslingen misst und ausschließlich nach diesen Kriterien lebt. Der Mensch ist doch keine Maschine.

Du musst lernen, auf dich selbst Rücksicht zu nehmen, aber nicht in einer egoistischen Gesinnung. Das Leben ist nicht gut oder schlecht, es ist genauso, wie du es durch dein Denken und Handeln entworfen hast. Du lebst und erlebst dich selbst! Was willst du, was erwartest du vom Leben?

Es ist die Wunschkraft in dir, die wünscht. Achte auf diesen Drang und schau genau hin, wo er dich hinführen will.

Eine Schwierigkeit des Menschen liegt darin, dass er ständig nach einem Verantwortlichen für sein Leben sucht, sei dies bei sich selbst oder bei anderen, vielleicht gar bei Gott. Die schädlichen Konsequenzen einer solchen Lebenshaltung spalten ihn. Seine Grundstimmung ist Unzufriedenheit, und er ist voller Widersprüche. Die ideologischen Vorstellungen, die der Mensch vom Leben hat, sind meistens angehaucht von religiösen und moralischen Wertvorstellungen, die manch einen in tiefe Sinnkrisen führen.

Wer sich ständig beklagt, bleibt in Negativität stecken. Wer jedoch hinschaut, und die Tiefen des eigenen Lebens erforscht, fließt weiter und wird grundlos glücklich.

Jeder einmal gefasste und umgesetzte Entschluss eines Menschen erzeugt ein Wirkungsfeld, das jedoch mit den moralischen Wertvorstellungen der jeweiligen Gesellschaftsform übereinstimmen muss, da sie es ist, die das Verhalten und die Werke des Einzelnen entweder als wertvoll oder wertlos, als gut oder böse beurteilt und unter Umständen auch verurteilt. Diese moralischen Verhaltensmuster, die das Leben innerhalb einer Gesellschaft bestimmen, enthalten für den Einzelnen auch etwas Einschnürendes, Auferlegtes, etwas Zwanghaftes, das ihm seine Offenheit und Spontaneität raubt.

Eigentlich sollte es möglich sein, eine optimistische, verantwortungsvolle Lebensform zu finden, die frei von dieser Last ist. Grundsätzlich weiß jeder Mensch ja genau, was für ihn gut und was für ihn schädlich ist und wo er bei den Mitmenschen Schaden anrichtet. Auch die Konsequenzen von fehlgeleiteten Worten und Taten und deren Auswirkungen kennt er meistens.

Die Spuren von negativen Machteinflüssen hinterlassen energetische Abdrücke im Bewusstsein der Menschen, und diese Kräfte leiten und bestimmen das Denken und Benehmen des Menschen im Alltag. In der Negativität ist viel Argwohn, viel Misstrauen, viel Skepsis gegenüber den Mitmenschen enthalten.

Dieses gängige, eher unbewusste Verhalten, das aus dumpfen Gewohnheiten entstanden ist, dieses automatische Funktionieren gilt es auch bei sich selbst zu sehen und zu verstehen. Wird es durchschaut, wird die tiefe Überwindung dieser engen lieblosen Verhaltensmuster aus eigenen Kräften möglich.

Im Grunde dürstet jeder Mensch nach Reinheit und Unkompliziertheit. Die Quelle des Durstes ist geistiger Natur. Bewusst oder unbewusst weiß der Mensch, dass seine Sorgen und Probleme nicht das sind, was er in seinem Innersten fühlt und ist. Sorgen und Probleme wurden durch Missverständnisse dem Leben hinzugefügt.

Äußere schwierige Situationen fließen in die Psyche des Menschen ein und verändern schlagartig seine Lebenssituation. Solche Veränderungen beeinflussen unmittelbar auch die Lebensqualität. In solchen Momenten werden hektische Gedankengruppen aktiv, die sich wie ein klebriges Spinnennetz in alle Richtungen ausbreiten. In dieses Gedankennetz verstrickt sich der Mensch, und er wird dadurch sein eigener Gefangener in dem von ihm selbst erschaffenen Gefängnis.

Je nachdem, wie der Mensch seine Schwierigkeiten, seine innere Gefangenschaft deutet, stehen ihm eine Vielfalt von erlernten und erprobten Strategien und Möglichkeiten zur Verfügung, um aus dieser Gefangenschaft auszubrechen. Doch mit schlechten Gedanken und Gefühlen schlechte Gedanken und Gefühle zu bekämpfen, bringt nichts, das ist klar! Es bedarf eines inneren Zurücktretens, damit die äußeren Probleme klar gesehen werden können. Deshalb findet jede Lösung und Erlösung der Sorgen innen statt, nie außen.

Zwischen Ursache und Wirkung existiert keine Trennung. Das eine ist Ausdruck des anderen, das eine bedingt das andere. Alle Probleme haben ihren Ursprung im inneren, im verborgenen Teil des Menschen. Deshalb möchte der Mensch stets herausfinden, was der andere denkt, was er weiß und wie er fühlt, um dann entsprechend auf

Situationen und Begebenheiten reagieren zu können. Durch Hineinfühlen in den anderen erhofft man, sich vielleicht Vorteile zu verschaffen. Aber warum ist es für die Menschen so wichtig, immer zu gewinnen, zu dominieren und erfolgreich zu sein – um jeden Preis? Warum ist das Wort »gewinnen« so viel attraktiver als das Wort »verlieren«?

Gewinner und Sieger scheinen in unserer Gesellschaft attraktiv und sexy zu sein, während Verlierer kaum beachtet werden. Der Gesunde wird bewundert, der Schwerkranke bemitleidet und nur am Rande wahrgenommen. Alle Abweichungen und Verschiebungen vom Ideal des Sieger- und Gewinnertyps lösen Ängste aus. Man fürchtet die Beurteilung und Einschätzung der anderen, die eine Herabstufung des eigenen Ansehens in der Gesellschaft zur Folge haben könnte.

Man fürchtet sich vor Gerüchten und diffusen Intrigen. Als Verlierer scheint man die gesellschaftlichen Ziele nicht zu erfüllen, deshalb ist der Druck groß, so schnell wie nur möglich auf die Straße der Anerkennung und der Gewinner zurückzukehren. Der Tätige gilt als tüchtig, der nicht Tätige als faul und ineffizient, als eine Last für die Gesellschaft.

Lasse dir deinen Geist nicht mehr von solchen Gedanken, Ideen und Vorstellungen eintrüben. Sei dich selbst, sei so, wie du bist! Tue, was immer dir möglich ist, aber tue nie nichts! Was immer du auch tun kannst, tue es mit Sorgfalt und in verantwortungsvoller Gesinnung.

Vertrauen, Mut und Menschenliebe sind Qualitäten, die dem Menschen Flügel verleihen. Sie ermöglichen es ihm, aus der inneren Dunkelheit ins Licht emporzusteigen!

Lösungen

Wir wissen mehr oder weniger, was uns krank macht, doch was ist es, das uns gesund macht? Wie entsteht Gesundheit? Sorgen und Stress machen krank, das weiß man. Doch die wichtigere Frage ist, wie bewältigt man schwierige Situationen, wie geht man mit ihnen um?

Je nach Veranlagung und gemäß seinen Möglichkeiten geht jeder Mensch sehr unterschiedlich mit seinen Schwierigkeiten um. Meistens hat er Zugriff auf verschiedene erlernte und erprobte Strategien. Doch man kann sich nicht an den eigenen Haaren aus dem Sumpf der erdrückenden Sorgen ziehen. Dazu wird ein neues Sehen und Erkennen, ein neues Verständnis von sich selbst benötigt. Entscheidend ist die Art, wie wir unser eigenes Leben und unsere Mitmenschen sehen, verstehen und erleben.

Wie viele Ressourcen hast du, um gesund zu sein oder um nicht krank zu werden? Innere Schwächen gilt es zu stärken. Eine positive Grundhaltung zum Leben wird sich langsam einstellen, wenn man wirklich Ja zum Leben sagt und diesem Ja Raum gibt, damit es wirken kann. Ein unerschütterliches Ja ist nicht nur ein Wort, sondern entfaltet eine bedeutende kraftvolle Wirksamkeit! Es braucht Geduld, um ein Ja ausreifen zu lassen. Ein Ja ist kein Schnellschuss!

In einer positiven Grundhaltung liegt Sinnhaftigkeit, die wiederum eine positive Antriebskraft darstellt. Was immer auch in deinem Leben geschehen und vorgefallen ist, es ist ein Wegweiser und hat einen Sinn. Ergibt sich eine Lösung für deine Schwierigkeiten und Sorgen, hat das ebenfalls einen Sinn. Grundsätzlich ist nichts im Leben sinnlos, obwohl einem das in gewissen Lebensphasen so vorkommen mag.

Um das zu erkennen, ist Achtsamkeit vonnöten, wobei man klar verstehen muss, dass Achtsamkeit nichts mit dem Denken zu tun hat. Es handelt sich vielmehr um eine differenzierte Wahrnehmung der eigenen Gefühle und Empfindungen, verbunden mit einer gewissen Losgelöstheit.

Erkenne, dass der Beobachtende und das Beobachtete zwei völlig verschiedene Dinge sind. Einen Apfel kannst du beobachten, beschreiben und analysieren – seine Größe, seine Farbe, seine Konsistenz und so weiter –, doch der Apfel wird nie du sein und du nie der Apfel. Ebenso kannst du deine Sorgen und Probleme beschreiben, analysieren und verstehen, aber die Sorgen an sich können nie du sein und du nie die Sorgen. Was hinzugefügt ist, kann nie du sein.

Wenn du deine ganze Lebenssituation nach innen transferierst und innen wach und gewahr bist, dann erkennst du klar, was du nicht bist und nie warst! Das wahrgenommene und beobachtete Sorgenfeld kann unmöglich du, das beobachtende Wesen, sein. Dieses Momentum des So-Erkennens gilt es zu erfassen. Das Subjekt wird nie zum Objekt und das Objekt nie zum Subjekt.

Wenn du dich in negativen Gedanken verirrst und die damit verbundenen Fluktuationen als wirklich und wahr empfindest, verschlechtert sich umgehend deine Befindlichkeit In schwierigen Lebenslagen formieren sich sehr unterschiedliche Gedankengruppen, die sich, wenn einmal aktiviert, im Gehirn autonom in Endlosschlaufen wiederholen. Ob man es will oder nicht, sie entwickeln eine Eigendynamik.

Diese Abläufe sind jedoch nicht das, was du im Innersten wirklich bist. Das weißt und empfindest du ja auch, wenn du in dich hineinlauschst. Schlechte Empfindungen sind wie dunkle Wolken, die träge vor der Sonne vorbeiziehen.

Manchmal gibt es Sorgen, die sich nicht so leicht

erlösen lassen. In einer solchen Situation ist es außerordentlich wichtig, dass man lernt, in einer guten Art und Weise mit Schwierigkeiten umzugehen, und so kann aus Schwäche Stärke werden. Eine unerlässliche Voraussetzung dafür ist, dass man den Gedanken nicht mehr erlaubt, negative Gedankengruppen zu bilden, denn ein negativer Gedanke kommt selten allein. Es geht hier jedoch nicht darum, negative Gedanken durch positive zu ersetzen, sondern der Dynamik der Denkkraft gewahr zu sein.

Für vieles im Leben braucht man Geduld, und Geduld kann man lernen, indem man einen guten Umgang mit sich selbst findet und diesen pflegt. Dies bedeutet letztlich nichts anderes, als im Gleichgewicht mit der Welt, den Mitmenschen und sich selbst zu sein, denn alles Leben existiert in dir, und du existiert mit allem, was lebt. Trennung existiert nur in deinem Verstand und durch die Unkenntnis von dir selbst.

Starke Abneigung oder Zuneigung schadet dem Innenleben des Menschen. Dadurch ist der Geist ständig mit solchen Dingen beschäftigt und von Unruhe durchdrungen. Wer im Gleichgewicht lebt, lebt ausgeglichen. In der Ausgeglichenheit entdeckt der Mensch eine grenzenlose Tiefe und eine enorme lebensbejahende Intensität.

STEH AUF – JETZT!

Wenn Probleme und Sorgen dich umschlingen und sich festkrallen, so ergib dich nicht diesen Kräften, und vor allem resigniere nie! Und wenn du hundertmal hinfällst, stehe hundertmal wieder auf und gehe weiter.

Alle Schwierigkeiten entstehen aus bestimmten Umständen und aus den Resultaten, die sie begleiten, genährt von einer Kraft, die hinter den sichtbaren Ereignissen wirkt. Du begegnest ständig deinen eigenen, von dir innerlich und äußerlich aufgebauten Lebensumständen. Du selbst bist der Künstler, der sein eigenes Glück oder Unglück erschafft. Was dir in deinem Leben begegnet, entspricht immer genau dem, was du bist.

Wenn du nur auf Äußeres schaust und dich nur auf Äußeres konzentrierst, wirst du deine Sorgen und Probleme nie verstehen und dich nicht aus ihnen lösen können.

Sei aktiv! Leben ist nicht etwas Starres, sondern eher etwas Fließendes. Wenn dein Leben ins Stocken gerät, dann entferne die Hindernisse und fließe weiter. Gehe innerlich einen Schritt vorwärts, zögere nicht, warte nicht, zweifle nicht und verschiebe nichts, was sogleich getan, geklärt, gelöst und erlöst werden kann! Verzögern, Verschieben und Umgehen schwächen dich und rauben dir Spontaneität und Lebenskraft.

Denke nie »Ich kann nicht« oder »Dieses und jenes ist nicht möglich«. Diese Gedanken sind pures Gift. Denke nicht so, und beklage dich nicht, das schwächt dich und bringt dich keinen Schritt weiter.

Erhebe dich über deine Probleme und Sorgen. Wende dich nicht von ihnen ab, flüchte nicht vor ihnen, sondern gehe ihnen furchtlos entgegen. Durchschreite sie bedacht und kraftvoll, doch bewege dich nicht wie ein Elefant im Porzellanladen.

Sei einsichtig und stets offen für einen Dialog. Verschließe dich nie, auch wenn du unfair behandelst wurdest oder wenn du selbst Mitmenschen unfair behandelt und verletzt hast. Erkenne die leuchtende Kraft der Fairness und Ehrlichkeit und was diese zu bewirken vermag. Sei innerlich nackt und ungebunden, und erhebe dich über alles Unfaire und Ungerechte, das dir im Laufe deines Lebens widerfahren ist. Zögere nicht, tue es jetzt!

Du kannst Sorgen und Probleme nicht aus der Welt schaffen, indem du dich bemühst, nicht mehr an sie zu denken. Es nützt nichts, Fotos von einem Menschen, der dir Unrecht getan hat, zu vernichten, in der Hoffnung, dass sich dadurch etwas in dir ändern wird. Um Dinge ausheilen zu lassen, braucht es eine andere Gesinnung und vor allem braucht es Geduld.

Menschsein ist überall gleich, nur die Umstände, in und aus denen der Mensch lebt und sich definiert, sind verschieden. Wenn man sich dessen bewusst wird, hat man auch eine unbeschwertere und unverkrampftere Beziehung zu den Mitmenschen und allen Lebewesen.

Jeder Mensch hat seine eigenen Gedanken und wohnt in seinem eigenen seelischen Zustand. Das Leben fließt nie zurück, und es bleibt auch nie im Heute stehen. Das Leben ist eine Unendlichkeit, die durch Gedanken in Endlichkeit gepackt und begrenzt wird.

In aller Ungleichheit sind die Menschen trotzdem gleich. Sich in der Ungleichheit zu verstehen und zu respektieren, ist wahrlich eine wundervolle Lebenskunst. Mit der Gleichwertigkeit der Dinge ist gewiss nicht eine Gleichförmigkeit der Menschen gemeint, sondern ein tiefes Verständnis für die Grundbedürfnisse aller Menschen auf der Erde.

Geben

Geben ist etwas unermesslich Tiefes – ein menschlicher Grundwert, der leider in der heutigen Gesellschaft durch ein exzessives Nehmen in den Hintergrund gedrängt wird. Geben, das von Erwartungen erfüllt ist, ist kein wirkliches Geben, sondern bloß ein kalkulierter Handel mit sich selbst.

Alles, was man sein Eigentum nennt, bewacht man, beschützt und verteidigt man. Immer mehr zu wollen und nie zufrieden zu sein, ist wie ein wucherndes Geschwür, das den Menschen verhärtet, das ihn skrupellos und krank macht. Gier verdirbt den Menschen.

Geben bedeutet nicht, dass man dann von etwas weniger hat oder dass man denkt, für andere Menschen etwas Gutes getan zu haben. Geben, ohne dabei an sich selbst zu denken, stellt das Verständnis einer natürlichen Großzügigkeit dar, die auch in der Natur zu sehen ist. Dieses Sosein ist wahre Menschlichkeit.

Würden alle Menschen aus tiefer Menschlichkeit

und aus natürlicher Großzügigkeit geben, wäre diese Welt eine andere Welt, und auch die Beziehung zwischen den Menschen wäre mit Sicherheit anders.

Hier geht es selbstverständlich nicht nur um das Schenken und Verteilen von Gütern, sondern um eine Ethik, die es umfassend zu verstehen gilt. Die Fülle des Lebens gehört niemandem; aus und in der Fülle zu leben, hat letztlich auch nichts mit physischem Besitz zu tun.

Sorgen entstehen, wenn sich der Mensch an sein vermeintliches Hab und Gut klammert. Dazu gehört das Besitzverständnis, dass er von seinem eigenen physischen Körper hat. Dieses Besitzverständnis dehnt er auch auf die Körper derjenigen aus, die er liebt.

Menschlichkeit und natürliche Großzügigkeit sind eng mit der Einsicht und Erkenntnis verbunden, dass letztlich nichts jemandem wirklich gehört und die Lebensfülle gleichwertig immer allen zur Verfügung steht. Seine eigenen Ansprüche zu überdenken und zu relativieren hilft, sich selbst und die Mitmenschen neu zu entdecken. Geben erhellt das Bewusstsein und lässt die Seele erblühen!

Das erstarrte Weltbild

Du bist von deinen Überzeugungen überzeugt und hältst an ihnen fest. Du kannst dir überhaupt nicht vorstellen, dass deine ganzen Überzeugungen nichts als Fabrikate sind, die sich aus deinen eigenen Vorstellungen und denen vieler anderer Menschen zusammensetzen.

Die Aufrechterhaltung deiner starren Überzeugungen hat höchste Priorität in deinem Leben, denn du bist sicher, dass deine eigene Weltanschauung die einzig richtige ist. Deshalb suchst du dir Menschen aus, die eine ähnliche Sicht und ein ähnliches Verständnis haben wie du, den Rest der Menschheit blendest du bewusst oder unbewusst in deinem Gehirn aus. Dieses Sosein weitet sich in all deine Beziehungen aus.

Wie ein geübter Schachspieler überdenkst du mit Schlauheit und Übersicht deine Strategien und deine Spielzüge und achtest vor allem auf die Eröffnungsstrategie. Schließlich geht es darum, die anderen von deinen Meinungen und Ansichten zu überzeugen, wenn nötig auch auszutricksen, um das Spiel ja zu gewinnen und den Gegner schachmatt zu setzen. Doch der Alltag sollte kein Brettspiel sein, bei dem man mit den Gefühlen und Lebenssituationen von Menschen spielt, sie ausnützt und verletzt. Dies kann doch wahrlich nicht Sinn und Ziel des menschlichen Zusammenlebens sein! Nächstenliebe ist gewiss nichts Politisches oder Religiöses, Nächstenliebe zeugt von echtem Menschsein, also von dem, was wir *wirklich* sind – oder sein sollten.

Du bist von so vielen Dingen fest überzeugt, obwohl du vieles gar nicht wissen kannst, an das du glaubst. Als Kind glaubtest du an den Weihnachtsmann, an das Christkind und den Osterhasen, du warst fest davon überzeugt, dass es sie wirklich gibt, bis dir eines Tages jemand erklärt hat, dass es sie gar nicht gibt.

Du glaubst an sehr viele verschiedene Dinge, doch die zentrale Frage, die sich hier stellt, ist: Glaubst du an dich? Traust du dich, wirklich an dich zu glauben, und wenn ja, an was genau glaubst du, wenn du an dich glaubst?

Dein Leben ist ständig in Bewegung und stets geprägt von großen Herausforderungen. Die Selbstverständlichkeit, die jeder Mensch in seinem eigenen Dasein empfindet, bildet auch die Basis seines Glaubens und seiner Überzeugungen. Jeder

Mensch trägt ein Bild, das er von sich selbst hat, in sich, und er ist ständig damit beschäftigt, sein Eigenbild mit den Eigenbildern der Menschen um ihn herum zu vergleichen. Er sucht nach Ähnlichkeiten, von denen er sich Bestätigung, Liebe und Erfüllung erhofft, auch um seine eigenen Überzeugungen und seinen Glauben zu festigen.

Wie wirklich und wie zuverlässig ist der Blick auf das eigene Leben, das ja ständig im Fluss ist? Ist dieser Blick nach innen, in das Feld der eigenen Überzeugungen und Glaubensbekenntnisse, nur ein Blick in die eigenen Illusionen?

Die Antwort zeigt sich in deinem Verhalten und deinen Reaktionen, und zwar genau dann, wenn jemand ganz und gar nicht von deinen Überzeugungen überzeugt ist. Solche Konfrontationen können leicht zu Bosheiten eskalieren, was leider auch in Beziehungen häufig geschieht.

Nichts ist überzeugender als die eigenen Überzeugungen, und nichts ist gefährlicher als ein stures Beharren auf seinen eigenen Überzeugungen, was oft bei dogmatischen religiösen Glaubensmodellen und Überzeugungen zum Vorschein kommt. Selbstkritisch und flexibel zu sein und sich an nichts und niemandem festzukrallen, das ist ein Weg aus den Sorgen.

Das wahrhaft Gute existiert in jedem Menschen, doch das wahrhaft Gute trachtet nie nach Gewinn, denn es ist reines Geben, ohne sich des Gebens bewusst zu sein. Dem wahrhaft Guten im Herzen einen Raum zu öffnen, damit es sich entfalten kann, dies ist wahrlich eine tiefe, wichtige und wunderbare Möglichkeit, wieder wahres Menschsein zu entdecken und zu realisieren. Das wahrhaft Gute in sich zu ent-decken, ist wie eine süße, volle und reife Frucht, deren Heranreifen nie endet.

Das Beste, Klarste und Liebevollste im eigenen Leben zum Erblühen zu bringen, schafft Raum für ein glückliches und sorgenfreies Leben, soweit das in dieser Welt überhaupt möglich ist.

Warum nicht ER?

Warum übernimmt Gott nicht endlich das Ruder und schafft Ordnung in der Welt? Hat er uns vergessen oder verlassen, oder funktioniert er nicht mehr? Wie sollte sich eigentlich die Menschheit entwickeln, wie sollte diese Welt eigentlich sein?

Gewiss, Gott, wer oder was immer er auch sein mag, ist sicher nicht für den Schlamassel, in dem die Weltgemeinschaft steckt, verantwortlich. Gott kann und wird auch die Probleme, die wir Menschen verursachen, nicht für uns lösen. Wir selbst müssen das, wir selbst können das, wenn unsere Herzen nicht von Gier und starrem Egoismus vergiftet sind. Ein Sprichwort lautet: Hilf dir selbst, dann hilft dir Gott.

Sinngebung finden wir in der Selbstverantwortung für unser Leben, Erfüllung im Verständnis und dem Verantwortungsbewusstsein gegenüber allen Lebewesen, Weisheit durch die Einsicht in die Geisteskraft, die allem Leben innewohnt.

Ja, das Leben ist komplex und geheimnisvoll. Es gibt Dinge, die wir nicht wissen, und es gibt Dinge, von denen wir wissen, dass wir sie nicht wissen. Der Mensch ist hungrig nach Wissen, er möchte am liebsten alles wissen, doch das ist für das menschliche Gehirn schlichtweg nicht möglich. Der Zugang zum weltweiten Wissenspool hat zwar in den vergangenen zwanzig Jahren mit dem Internet einen wahren Quantensprung vollzogen. Das Ausmaß an zugänglichem Wissen ist enorm. Trotzdem sind die Sorgen und Probleme der Menschen dadurch nicht geringer geworden, das Gegenteil scheint der Fall zu sein.

Die Menschheit ist von der Überdehnung durch die gigantische Kommunikationsfülle, welche die modernen Technologien anbieten, überfordert und übersättigt. Sie wird mit einer unfassbaren Fülle von Wissen und Bildern konfrontiert und überflutet. Sie surft in virtuellen Welten, wo sich Dimensionen vermischen. Kontrollierbares und Unkontrollierbares, Durchsichtiges und Undurchsichtiges vermischen sich und werden diffus.

Eine Art Realitätsentfremdung stellt sich dadurch ein. Dies trübt das Unterscheidungsvermögen vieler Jugendlicher und auch das von Erwachsenen. Ein Realitätsverlust und eine Unterkühlung der Gefühlswelt breiten sich aus. Das Problem sind jedoch nicht die neuen Medien, sondern die Benutzer.

Der Mensch vernetzt sich in weltweiten Foren und Angeboten und hat sich dieser unüberschaubaren diffusen Attraktivität untergeordnet und dadurch auch einen Teil seines Innenlebens absterben lassen. Kommunikation findet online statt, in kühler Anonymität, selbst die Liebe und Gott wurden auf diese virtuellen Plattformen verlagert.

Die Welt ist nicht schlecht oder böse, die Welt ist genauso, wie wir es sind. Jeder einzelne Mensch ist für sein Leben und im weitesten Sinn auch für das der Weltgemeinschaft verantwortlich, denn alles beeinflusst alles.

Tief und umfassend verstandene und gelebte Selbstverantwortung führt zu einer hohen Ethik, die den Menschen wahrlich menschlich macht, doch der perfekte Mensch ist eine Utopie. Menschlichkeit mit all ihren Schwächen und Stärken hat ihre eigene Tiefe, sie ist eine Quelle unendlicher Inspiration und großartiger Möglichkeiten. Also ist es wichtig, von der Theorie zur Praxis überzugehen, von der Passivität zur Aktivität – in einem tief empfundenen Verantwortungsbewusstsein für alle Lebewesen.

Wir behandeln die Erde schlecht, und wenn hier nicht ein konkretes Umdenken einsetzt, dann stellt sich an diesem Schnittpunkt die berechtigte Frage: Wie lange wird die Erde die Menschen noch tragen und ertragen können? Es reicht nicht, bloß von Selbstverantwortung zu reden, sie muss umfassend und aktiv von jedem einzelnen Menschen gelebt werden. Das Schlimmste ist, wenn der einzelne Mensch denkt, er könne nichts tun oder dass das, was er tue, kaum wirklich helfe. So sollte wirklich niemand denken und empfinden.

Es gibt kleinere und größere Sorgen, die den einzelnen Menschen bedrücken, aber es gibt auch Sorgen, die die ganze Menschheit belasten, und die sollte man nie aus den Augen verlieren, denn das Kleine lebt im Großen und das Große im Kleinen, nichts existiert für sich selbst, alles ist voneinander abhängig!

Egoismus bewirkt Stagnation, Menschenliebe macht Dinge möglich. Wahre Menschenliebe ermöglicht eine harmonische Evolution der gesamten Menschheit. Dort sollten wir hin, dort können wir hin, dort müssen wir hin! Das ist nichts Religiöses oder Esoterisches, sondern ein pragmatischer Weckruf an die Vernunft jedes einzelnen Menschen.

Soweit das Auge reicht

Soweit die Sicht der äußeren Augen reicht, erblicken sie, wo immer sie auch hinschauen, nichts als Leben und Lebendigkeit. Alles lebt, alles ist lebendig – Menschen, Tiere und Pflanzen.

Das innere Auge, das alle Sinneseindrücke, alle Töne, Geräusche, Bilder und alle Gedanken sammelt und im Gehirn in komplexen Vorgängen verarbeitet, fügt diese Eindrücke zu einer einheitlichen Erlebniswelt zusammen. An diesem äußerst aktiven inneren Ort entsteht die Menschenwelt mit ihren Sorgen und Problemen.

Die persönliche Innenwelt ist in die große kollektive Außenwelt, in die Gesellschaftsform eingebettet. Jeder Mensch hat seine eigenen Erwartungen und Vorstellungen vom Leben. Man kann sich Gutes oder Schlechtes vorstellen, Hässliches oder Liebliches, Anziehendes oder Abstoßendes. Mit der Vorstellungskraft kann man Dinge erneuern oder verschieden kombinieren, und man kann Lebenssituationen neu ordnen und gestalten. Soweit das Auge reicht und sogar darüber hinaus gibt es Möglichkeiten, das Leben immer neu zu gestalten und sich immer neu zu orientieren.

Imaginationskraft ist ein schöpferisches, intuitives, bildhaftes Denken, das neue Lebensperspektiven zu eröffnen vermag und neue Wege und Möglichkeiten sichtbar werden lassen kann. Auf die im Gedächtnis abgelegten Bilder und Erfahrungen kann man stets zurückgreifen sie wiederbeleben und sich an sie erinnern. Es gibt auf der Ebene der Erlebnisqualität von Emotionen und Körperempfindungen kaum einen Unterschied zwischen imaginären Situationen und real erlebten Ereignissen.

Nimmt man innerlich abgelegte imaginierte Bilder einer Situation wieder hervor und klärt diese imaginierte Situation und entwickelt sie weiter, dann ist es von einem gewissen Moment an möglich, das Imaginierte auf die reale Welt anzuwenden und es dort umzusetzen. Das ist die schöpferische Kraft, die jedem Menschen innewohnt und die, wenn richtig angewandt, Großartiges hervorzubringen vermag. Wahre intuitive Imagination ist keine Träumerei, sondern ein konkretes Instrument, das jedoch nie für egoistische Zwecke benutzt werden sollte!

Man kann Farben, Düfte, Zahlen und Töne imaginieren und empfinden und sie sinnlich bewusst innerlich erleben. Zum Beispiel kann man einen Fluss imaginieren und die Farbe des Wassers wahrnehmen. Man fühlt sogar Kühle und Frische und nimmt auch den Geruch des Wassers wahr.

Je ausgeprägter diese sensorischen Fähigkeiten im Gehirn sind, desto kreativer kann ein Mensch funktionieren. Vieles, was man sich klar *vor*-stellen kann, ist größtenteils im Alltag auch umsetzbar. Das Aktivieren positiver Bilder und ihrer Kräfte verleiht dem Alltag einen frischen Hauch und hilft, Sorgen und Probleme zu relativieren und auch Wege aus den Sorgen zu entdecken. Jede große Erfindung entstand aus der intuitiven schöpferischen Imaginationskraft. Ihre größten Gegner und Verhinderer sind Zweifel und Ungeduld.

Grundsätzlich geht es jedoch nicht darum, Dinge zu imaginieren, sondern lediglich dieser gigantischen stillen Kraft gewahr zu sein!

Seltsamerweise glaubt der Mensch, dass alle anderen auch die Welt vom selben Standpunkt aus wie er sehen und empfinden, dem ist aber nicht so! Jeder Mensch erlebt und empfindet die Welt auf seine eigene Art und Weise.

Wir sind stets dabei, unsere Zukunft zu planen, und hegen große Erwartungen, doch äußere, nicht lineare, unerwartete Einflüsse machen Pläne und Erwartungen oft genug zunichte. Das

Denkorgan mit seinen Denkmodellen ist immer fehleranfällig, deshalb kann die vom Menschen erdachte Welt, die ein Produkt der subjektiven Denkmodelle ist, nichts anders als fehleranfällig sein. Der Mensch ist so, wie er sich selbst vorstellt, zu sein, und so ist auch seine Welt.

Nur im Klima eines behutsamen Vertrauens kann sich der Mensch richtig entwickeln und Ängsten und Zwängen im Alltag anders begegnen. Darum sollte man nicht nur daran interessiert sein, vordergründige Probleme zu lösen, sondern sein Innerstes bewusst nach wahrer umfassender Erlösung, nach Loslösung und Überwindung der eigenen Lieblosigkeit, Unwissenheit und Überheblichkeit ausrichten.

Wer seine Schwächen durchschaut, ist stark. Menschliche Schwächen machen den Menschen nicht zu einem Schwächling, sie zeigen ihm lediglich die Grenzen und Schwellen seines Geistes, doch Schwellen und Grenzen können überschritten werden. Wer innere Schwellen überschreitet, entdeckt die Quelle der inneren Kraft im eigenen Sein, und soweit das Auge reicht, erblickt er nichts anderes als unendliche Sanftheit, die allen Lebewesen innewohnt.

Das Gute im Menschen

Das Leben ist unbeständig und nicht immer einfach, trotzdem ist es wichtig, das Gute im Menschen und das Gute im Leben nie aus den Augen zu verlieren. Fließe mit den inneren Jahreszeiten, und verhalte dich stets harmonisch zu ihnen. Wer mit dem fließenden Lebenswasser schwimmt, wird getragen und gelangt am Ende der Reise in den Ozean aller Lebendigkeit, Schönheit und Kraft.

Das Leben meint es gut mit dir, wenn du es gut mit dem Leben meinst. Das Leben verströmt Frische und schenkt unendliche Möglichkeiten, dir dein Leben zu gestalten.

Das Leben öffnet alle Tore, damit der Mensch einen unbekannten, verborgenen inneren Schatz finden und bergen kann. Tief, unergründlich und grenzenlos ist das leuchtende Innenleben der Seele.

Wahrlich, du bist mehr, als du denkst, und du kannst mehr, als du glaubst.

Lustvoll leben

Im Alltag gibt es Tätigkeiten, die man gerne und mit Lust ausführt, andere eher ungern und lustlos. Aus diesem Grund ist der Mensch stets im Ungleichgewicht, denn er versucht Tätigkeiten, die er nicht mag, zu umgehen, auf später zu verschieben oder gar von sich zu weisen.

Aus meiner eigenen Erfahrung kann ich Folgendes erzählen: Vor vielen Jahren habe ich erkannt, dass absolut alles, was immer ich in meinem Alltag ausführte, einen Sinn hat und wichtig ist. Alles, was an Arbeit auf mich zukam, wurde ohne Verzögerung sogleich erledigt. So blieb mein Geist offen und unbelastet, nichts blieb in meinem Bewusstsein liegen.

Ich hatte mich entschlossen, absolut alle Tätigkeiten mit Gleichmut, Sorgfalt, Achtsamkeit und gewissenhaft auszuführen, jedoch völlig frei von Druck und Eifer. Es gab von diesem Tag an nichts mehr, was ich in gern oder ungern einteilte, gern oder ungern ausführte. Durch diese

Ausgeglichenheit kam Ruhe und Klarheit in all meine Aktivitäten und in mein Leben. Ich entdeckte in dieser einfachen, verantwortungsvollen Dynamik ein gutes, erfrischendes und lustvolles Leben, das nicht nur mir, sondern auch meinem Umfeld und der Gesellschaft zugutekam.

Das Wiederfinden der eigenen Realität geschieht nicht durch das Sichabwenden von der Gesellschaft und der Welt, sondern durch das Verständnis der eigenen Gegensätzlichkeit, die es zu durchschauen und zu überwinden gilt.

Dankbarkeit

Sei dankbar für alles, was dir das Leben bietet und ermöglicht. Sei dankbar, auch wenn dein Lebensweg manchmal schwierig und steinig ist. Sei einfach dankbar – dankbar für alles. Dankbarkeit ist ein guter Wegweiser. Dankbarkeit zeigt dir den Weg zu Sanftheit, Güte, Schönheit und Menschlichkeit.

Gib dem Glück eine Chance, dein Leben zu bereichern und zu verschönern, und schlafe nicht, wenn du wach bist.

Mario Mantese: Flugstunden für Engel

Nach Jahrzehnten der spirituellen Begleitung von Menschen, die sich von ihm in ihrem Wesenskern berühren lassen, nach dem Verfassen von mehr als einem Dutzend spirituellen Büchern lässt Mario Mantese einem weiteren seiner Talente freien Lauf: In gereimten Versen bringt er Menschlich-Allzumenschliches zur Sprache, Freuden und Problemchen, wie sie uns nur allzu vertraut sind. Mit einem Augenzwinkern berichtet er von Biene Hermine, von vielbeschäftigten Schutzengeln und von Schnecke Balthasar.
Ein heiteres Lesevergnügen zum Schmunzeln und Glätten von Runzeln.

Edition Spuren, gebunden, 93 Seiten, Euro 14.–
ISBN 978-3-905752-23-6